Andrea Thalheimer

Heilende Rezepte bei PCO-Syndrom

riva

Bibliografische Information der Deutschen Nationalbibliothek
Die Deutsche Nationalbibliothek verzeichnet diese Publikation in der Deutschen Nationalbibliografie.
Detaillierte bibliografische Daten sind im Internet über http://d-nb.de abrufbar.

Für Fragen und Anregungen
info@rivaverlag.de

Wichtiger Hinweis
Dieses Buch ist für Lernzwecke gedacht. Es stellt keinen Ersatz für eine individuelle medizinische Beratung dar und sollte auch nicht als solcher benutzt werden. Wenn Sie medizinischen Rat einholen wollen, konsultieren Sie bitte einen qualifizierten Arzt. Der Verlag und der Autor haften für keine nachteiligen Auswirkungen, die in einem direkten oder indirekten Zusammenhang mit den Informationen stehen, die in diesem Buch enthalten sind.

Originalausgabe
1. Auflage 2019

Nymphenburger Straße 86
D-80636 München
Tel.: 089 651285-0
Fax: 089 652096

Redaktion: Caroline Kazianka
Umschlaggestaltung: Pamela Machleidt
Umschlagabbildung: Elenadesign/Shutterstock.com, AS Food studio/Shutterstock.com, rob3rt82/Shutterstock.com, NADKI/Shutterstock.com
Satz: inpunkt[w]o, Haiger (www.inpunktwo.de)
Druck: Florjancic Tisk d.o.o., Slowenien
Printed in the EU

ISBN Print 978-3-7423-0804-7
ISBN E-Book (PDF) 978-3-7453-0426-8
ISBN E-Book (EPUB, Mobi) 978-3-7453-0427-5

Weitere Informationen zum Verlag finden Sie unter

www.rivaverlag.de

Beachten Sie auch unsere weiteren Verlage unter www.m-vg.de

Inhaltsverzeichnis

Vorwort

Seit mehr als zehn Jahren berate ich Selbsthilfegruppen von Frauen mit der Diagnose Polyzystisches Ovarialsyndrom (PCOS). In den USA ist dies ein großes – auch öffentliches – Thema, das von einer Reihe von Non-Profit-Organisationen aufgegriffen wird, die den Blick auf das lange im Verborgenen gehaltenen Leiden schärfen. Neben der ärztlichen Behandlung durch Gynäkologen und Endokrinologen werden Kurse für gezielte Gymnastik, Akupunktur oder Aufmerksamkeitsübungen angeboten.

In meinen und auch anderen Gruppen erfahren die Teilnehmerinnen, dass sie nicht allein sind mit ihrer Verwirrung und Verzweiflung. Und sie lernen gerade auch im Austausch mit anderen, was sie selbst tun können, um wieder zu einem regelmäßigen Zyklus und damit zu einer verbesserten Empfängnisbereitschaft zu kommen.

Für viele bedeutet das zunächst einmal abnehmen. Doch Übergewicht ist nicht der alleinige Verursacher des Syndroms. Versteckte Entzündungen, Insulinresistenz und Stoffwechselstörungen spielen dabei ebenfalls eine Rolle.
In diesem Buch habe ich für Sie all mein Wissen und meine Erfahrungen mit betroffenen Frauen zusammengetragen. Ich erkläre, was die Hauptverursacher des PCOS sind und wie Sie diese vermeiden können.
Das Buch soll Ihnen Mut machen und Energie geben. Denn Sie können Ihr Schicksal selbst in die Hand nehmen und sich proaktiv für ein besseres Leben entscheiden. Reduzieren Sie Ihr Stress-Level, tun Sie mit moderatem Sport etwas für Ihre Fitness! Und ernähren Sie sich natürlich und gesund. Dabei wird Ihnen dieses Buch helfen.

Geduld und gutes Gelingen wünscht Ihnen Ihre Andrea Thalheimer

Was ist PCOS?

Das Polyzystische Ovarialsyndrom ist eine Störung im weiblichen Hormonsystem und Stoffwechsel. Etwa 15 bis 20 Prozent aller Frauen im gebärfähigen Alter leiden darunter. Bei nur der Hälfte der betroffenen Frauen wird das Syndrom allerdings richtig erkannt und diagnostiziert. Am häufigsten werden Insulinresistenz, Eierstock-Zysten, erhöhte Androgene, unregelmäßiger Zyklus, chronische Entzündungen und vergebliche Versuche, schwanger zu werden, damit in Verbindung gebracht. Eine exakte Diagnose ist nicht leicht, denn Insulinresistenz oder ein unregelmäßiger Zyklus allein müssen noch kein PCO-Syndrom bedeuten. Auch Zysten an den Eierstöcken sind zwar ein Hinweis darauf, aber kein sicherer Beweis. Erhöhte Androgen-Werte mit Erscheinungsformen von männlicher Behaarung, Stimmungsschwankungen, unerklärbare Gewichtszunahme deuten ebenfalls auf ein PCO-Syndrom hin.

Die Männlichkeitshormone, Androgene, kommen natürlicherweise auch im weiblichen Organismus vor. Jedoch nur 5 bis 10 Prozent der Menge wie im männlichen Körper. Steigt dieser Hormonspiegel, wird das gesamte Gefüge von Ei-Produktion, Eisprung, Befruchtung und Einnistung in der Gebärmutter gestört. Sollte es einem befruchteten Ei dennoch gelingen, sich einzunisten, drohen bei PCOS Frühgeburten oder Schwangerschafts-Diabetes.

Frauenärzte in den USA gehen meist schon recht erfolgreich dabei vor, PCOS zu diagnostizieren oder eben auszuschließen. Denn all die möglichen Symptome können für sich allein auch andere Ursachen haben und durch geeignete Therapien beseitigt werden.

Die schlechte Nachricht ist: PCOS kann nur schwer völlig geheilt werden. Die gute jedoch: Sie können PCOS in den Griff bekommen und die Symptome lindern. Selbst wenn nur der Verdacht auf diese Erkrankung besteht, lohnt es sich auf jeden Fall, seine Lebensweise zu verändern und damit einer möglichen Erkrankung den Boden zu entziehen. Stress und Nahrungsgifte zu vermeiden, sich gesund zu ernähren und fit zu halten und vor allem Achtsamkeit sind – neben der notwendigen Medikation – die Bausteine zur Regulierung von Hormonhaushalt und Stoffwechsel.

Wie entsteht PCOS?

Eine definitive Ursache für die Entstehung dieses Leidens ist noch nicht gefunden. Möglicherweise spielt Vererbung eine Rolle. Umwelteinflüsse können dazu beitragen, Nährstoffmangel durch Fehlernährung, die Einnahme der Pille – man weiß es nicht genau.

Das Polyzystische Ovarialsyndrom wird häufig mit starkem Übergewicht in Verbindung gebracht. Das heißt: Betroffene übergewichtige Frauen sollten unbedingt versuchen abzunehmen. Aber bitte keine Crashkuren! 5 Prozent Gewichtsverlust in sechs Monaten sind gerade richtig. Dafür reicht eine Reduzierung der Kalorienzufuhr und eine kohlenhydratkontrollierte Ernährung. 1500 kcal pro Tag sollten dabei nicht unterschritten werden, um nicht in eine Mangelernährung zu geraten. Kohlenhydrate, die morgens und mittags am besten vertragen werden, sollten tägliche 100 Gramm (bei drei Mahlzeiten) nicht überschreiten. Allein diese Maßnahmen können schon dazu führen, den Insulinhaushalt zu regulieren und das Durcheinander im Hormonhaushalt etwas zu ordnen. Diversen Studien und Beobachtungen zufolge zeigt diese Maßnahme bereits bei 75 Prozent aller Frauen Wirkung. Auch ich habe in meinen Gruppen erlebt, dass adipöse Frauen (BodyMass-Index über 30[1]) durch moderates Abnehmen eine Linderung ihrer Symptome erreicht haben.

1 So berechnen Sie Ihren Body-Mass Index (BMI): Teilen Sie Ihr Körpergewicht (in kg) durch Ihre Größe (in m) zum Quadrat. Also zum Beispiel 75 Kilogramm dividiert durch 1,71 Meter und noch mal geteilt durch 1,71 Meter = 25,65 – also leichtes Übergewicht. Ab einem BMI von 25 spricht man von Übergewicht, ein BMI von über 30 ist adipös, das heißt krankhaftes Übergewicht. Diese Zahlen sind ein grober Richtwert und nicht in Stein gemeißelt. Wer viel Muskelmasse hat, kann etwa einen höheren BMI haben, ohne übergewichtig zu sein. »Schwere Knochen« sind allerdings keine Ausrede.

In engem Zusammenhang mit Übergewicht steht auch die Insulinresistenz, die allerdings ebenso bei normalgewichtigen Frauen auftreten kann. Insulin, das Hormon der Bauchspeicheldrüse, hängt eng mit Testosteron, einem Androgen, zusammen. Hoher Insulinspiegel bedingt einen höheren Testosteronspiegel, was wiederum die Insulinaufnahme in den Zellen behindert. Ein Teufelskreis!
Um wirksam dagegen vorzugehen, mache ich den Frauen in meinen Gruppen erst einmal die Wirkungsweise von Insulin klar. Kurz gesagt: Kohlenhydrate (Zucker, Nudeln, Reis, süße Getränke) in unserer Nahrung werden in Glukose (Einfachzucker, Traubenzucker) verwandelt. Ist dieser Zucker im Blut, schüttet die Bauchspeicheldrüse entsprechende Mengen Insulin aus. Dieses sperrt bildlich gesprochen die Zellen auf, damit der Treibstoff Glukose entweder gleich als Muskelkraft oder für Denkaufgaben verbraucht werden kann beziehungsweise für später zum Beispiel in der Leber gespeichert wird. Resistenz bedeutet nun, dass die Zellen nicht auf das Insulin reagieren, der Zucker somit im Blut bleibt. Die Bauchspeicheldrüse versucht das auszugleichen, indem sie mehr und mehr Insulin produziert. Die dramatischste Folge hierbei wäre Diabetes.
Zur Bekämpfung der Insulinresistenz ist es nicht notwendig, ALLE Kohlenhydrate aus dem Speisenplan zu verbannen. Missetäter sind vor allem die einfachen Kohlenhydrate, die schnell ins Blut übergehen. Lebensmittel mit komplexen Kohlenhydraten wie Naturreis, Quinoa, Amarant oder Hirse sind wegen ihrer wichtigen Inhaltsstoffe dagegen ausdrücklich erwünscht. Daher kann ein Rezept auch mal über 40 Gramm Kohlenhydrate enthalten und dennoch, wenn es sich um komplexe Kohlenhydrate handelt, als kohlenhydratarm gelten. In der therapeutischen Low-Carb-Ernährung sind bis zu 100 Gramm »gesunde« Kohlenhydrate täglich erlaubt.
Ein weiteres Phänomen, das zum Entstehen von PCOS beitragen kann, sind versteckte – oft auch weniger versteckte – Entzündungen in unserem Körper. Gern angesiedelt im Bauchfett, aber auch in Gelenken und Muskulatur. Die meisten davon sind zunächst nicht schmerzhaft, sodass wir gar nichts davon bemerken. Zutage treten sie erst, wenn schon Schaden angerichtet ist. Diese *silent inflammations* belasten den gesamten Körper und werden für Erkrankungen des Immunsystems, Krebs und eben auch PCOS mitverantwortlich gemacht. Sie beeinflussen unseren Fettstoffwechsel und verursachen damit auch Übergewicht. Zurückzuführen sind diese Entzündungen in der Hauptsache auf zu viel Zucker, weißes Mehl und Alkohol.

Die grössten Übeltäter

Nahrung kann eine wunderbar heilende Wirkung entfalten. Leider aber auch oft das Gegenteil bewirken. Dann nämlich, wenn Lebensmittel industriell bearbeitet werden, wenn die Tiere nicht artgerecht gehalten werden, wenn zu viel Dünger, Pestizide und Insektizide versprüht werden.

Die schlimmsten Verursacher aller möglichen Erkrankungen und damit auch vieler Symptome bei PCOS sind die isolierten Kohlenhydrate, also weißer Zucker und weißes Mehl – der Stoff, aus dem Tortenträume sind. Sie enthalten nichts, aber auch gar nichts, das Ihr Körper wirklich verwerten kann. Keine Ballaststoffe, keine Vitamine und keine Mineralstoffe. Stattdessen leere, dafür aber umso mehr Kalorien, die ungebremst irgendwann auf Ihren Hüften landen und sich rund um Ihre Organe anlagern und damit deren Funktionen beeinträchtigen. Dieser Kalorien-Overload mit ungeeignetem Essen füllt Ihren Magen, verhindert aber gleichzeitig, dass wichtige Lebensmittel, die Ihr Körper zum Funktionieren braucht, noch Platz finden.

Ich möchte zunächst auf Empfehlungen eingehen, wie sie oft im Rahmen einer gesunden Ernährung zu lesen sind, und sie in Bezug zur Stoffwechselsituation beim PCO-Syndrom setzen. Danach werde ich die einzelnen im Falle von PCOS nicht zu empfehlenden Nahrungsmittel näher beleuchten.

Ernährungsregeln, die bei PCOS nicht gelten

- Viel Obst bringt viel Gesundheit – das stimmt im Fall von PCOS leider nicht. Denn auch Fruchtzucker ist nicht besser als weißer Haushaltszucker, was den Einfluss auf Blutzuckerspiegel und Insulinhaushalt betrifft. Genießen Sie daher täglich maximal zwei Handvoll Obst und nehmen Sie Trockenfrüchte, Sirup, Fruchtsäfte und Fruchtsmoothies nur ausnahmsweise und in kleinen Mengen zu sich.
- Je weniger Fett, desto besser für Gesundheit und Gewichtskontrolle – auch das ist falsch und gilt nur für Transfette in Fertigprodukten. Unser Körper braucht Fette, zum Beispiel, um Zellwände elastisch zu halten. Sie sind zudem Bausteine für Hormone, und die Vitamine A, D, E und K werden nur zusammen mit Fett aufgenommen und gespeichert. Nicht zuletzt verlangsamen Nahrungsfette die Aufnahme von Glukose ins Blut, was bei Insulinresistenz sehr wichtig ist. Ungesättigte Fettsäuren, unter anderen in Olivenöl, Rapsöl, Leinöl, Nussölen, fettem Fisch und Avocado, können Sie getrost reichlich zu sich nehmen. Gesättigte Fettsäuren (hauptsächlich tierischen Ursprungs) sollten Sie in Maßen konsumieren.
- Soja und Produkte daraus, wie Sojadrinks, Sojasahne und der bei Vegetariern/Veganern so beliebte Tofu, werden gern als gesunde Alternative zu tierischen Produkten gepriesen. Soja kann tatsächlich vor Diabetes schützen, Insulinresistenz mindern und die Blutfettwerte positiv beeinflussen. Alles wünschenswerte Eigenschaften auch beim PCO-Syndrom. Wäre da nicht noch die Hormonwirkung durch die enthaltenen Isoflavone und Phyto-Östrogene. Die Wissenschaft ist sich nicht einig, ob und wie viel Soja für gesunde Menschen überhaupt verträglich ist. Ein Großteil der Mediziner rät beim PCO-Syndrom auf jeden Fall von Sojaprodukten ab, da der ohnehin aus der Balance geratene Hormonhaushalt weiter Schaden nehmen könnte.
- Die Werbung will uns glauben machen, dass Milch und Milchprodukte wegen des Kalziumgehalts wichtig sind für die Knochengesundheit. Das stimmt jedoch nur für das Naturprodukt Milch, wie es noch unsere Großmütter gekannt haben. Heute stammen aber 95 Prozent der Milch aus konventioneller Massentierhaltung, und ihr Nährstoffgehalt schwankt so stark wie bei keinem anderen Lebensmittel, hängt er doch davon ab, was die Kuh fressen durfte und wie die Milch nach dem Melken behandelt wurde.

Nur die Milchprodukte von Kühen, die auf einer Weide mit Gras, Sonne und allem Drum und Dran gelebt haben, enthalten wertvolle Omega-3-Fettsäuren. Die praktische, ultrahocherhitzte H-Milch ist dagegen besonders unnatürlich, da ihre Eiweißstruktur verändert wird und sie ca. 20 Prozent ihrer Vitamine verliert. Etwas besser ist da noch die ESL-Milch (extended shelf life – länger haltbar).
Die größte Gefahr für PCOS-Patientinnen ist aber, dass so eine arme Industrie-Kuh immer wieder geschwängert wird, damit sie Milch geben kann. Die Milch einer trächtigen Kuh hat aber einen wesentlich höheren Östrogen- und Progesterongehalt, was auch mit vermehrtem Zellwachstum von Tumoren in Verbindung gebracht wird.

Trotzdem: Ab und zu eine Latte macchiato, ein Chai Latte oder das Müsli mit richtiger Milch machen Sie nicht gleich krank, zumal wenn Sie dafür frische Bio-Vollmilch verwenden.

Der Hauptfeind Zucker

Zucker – und damit meine ich hauptsächlich den weißen Haushaltszucker – wirkt in vielerlei Hinsicht negativ auf unseren Organismus: Er macht müde, antriebslos, depressiv und krank. Ein hoher Konsum ruft Darmprobleme hervor, wird für Hautkrankheiten und Pilzbefall verantwortlich gemacht und kann Schlafstörungen und Immunschwäche verursachen. Zucker lässt bekanntlich den Insulinspiegel in die Höhe schnellen, was auch die Produktion von männlichen Hormonen (Testosteron) anregt. Zucker wird oft als das Hauptgift beim PCOS bezeichnet.

Was aber macht den Zucker so begehrenswert? Er ist beteiligt an der Produktion des Glückshormons Serotonin – und damit birgt er auch ein gewisses Suchtpotenzial, was zu Insulinresistenz führen kann.
Besonders gefährlich ist Zucker, der sich in Fertigprodukten versteckt, in denen man ihn gar nicht vermutet. Fertigsaucen, Marinaden, Wurstwaren, Tütensuppen, fettreduzierte Milchprodukte – überall ist Zucker drin. Untersuchungen zufolge werden zwei Drittel allen Zuckers auf diese Weise konsumiert. Große Mengen stecken natürlich in Limonaden, Eistees,oder Latte macchiato aus dem Kühlregal. Vermeiden Sie diese gezuckerten Produkte, wo immer es geht, denn sie setzen den für Sie schädlichen Insulinkreislauf in Gang.
Aber Achtung! Nicht alles, was süß ist, ist auch gleich schädlich. Zucker in frischen Lebensmitteln wie Beeren, Gemüse und als komplexe Kohlenhydrate in Vollkornprodukten und Hülsenfrüchten sind unverzichtbare Bestandteile einer gesunden Ernährung.
Vermeiden Sie unbedingt auch künstliche Süßstoffe. Abgesehen davon, dass manche davon ohnehin in die Kritik geraten sind, lösen auch sie eine Insulinreaktion aus, als hätten Sie richtigen Zucker zu sich genommen. Das gilt auch für alle Arten von Diätlimonaden! Wussten Sie, dass künstliche Süßstoffe auch in der Tiermast verwendet werden? Gerade diesen Effekt – schneller schlachtreif zu werden – will doch wirklich niemand!
Sie werden daher in meinen Kochrezepten keinen weißen Zucker finden und auch keine Zucker-Ersatzstoffe wie Erythrit, Stevia oder künstliche Süßstoffe. Ausnahmsweise und in Maßen gesüßt werden kann mit Sirup, Honig, Vollrohrzucker oder Birkenzucker (Xylit), der allerdings industriell hergestellt wird. Vorsicht bei braunem Zucker: Oft ist es nur mit Melasse eingefärbter weißer Zucker.
Für gute Laune sorgen übrigens auch ein paar (!) Trockenfrüchte, süße Beeren oder einfach der Geruch von Vanille.

Hier einige Beispiele für den Zuckergehalt in Lebensmitteln:

Zucker in Lebensmitteln (pro 100 g/ml)	
Balsamico-Creme	48 g
Butterkekse	45 g
Currywurst mit Sauce	15 g
Fischstäbchen	2 g
Fleischsalat	3 g
Fruchtjoghurt	15 g
Gewürzgurken	5 g
Gummibärchen	78 g
Heringssalat	8 g
Kaffeesahne	4 g
Ketchup	25 g
Krautsalat	11 g
Milchschnitte	29 g
Müsliriegel	30 g
Nusscreme	60 g
Pizza (Fertigprodukt)	3-6 g
Rahmspinat	4 g
Rotkohl im Glas	5 g
Schokoriegel	60 g
Softdrinks	10 g
Tomatensauce	4 g
Trockenobst	45-68 g
Tütensuppe	4 g

Vorsicht bei Getreide

Modernes Getreide ist für viele Menschen zu einem Problem geworden. Denn es wurde im Laufe der Zeit auf immer mehr Ertrag und auf bessere Backeigenschaften gezüchtet. Der hohe Glutengehalt führt mittlerweile bei manchen Menschen allerdings zu heftigen Allergien. Auch die unverdaulichen Weizenlektine schädigen langfristig die Darmschleimhaut und können Entzündungen im ganzen Körper auslösen. Von Pestiziden, Herbiziden, Fungiziden und Nitratdüngern will ich da gar nicht erst anfangen. Wundert es bei all dieser Veränderung, dass das ausgemahlene weiße Mehl, das dabei herauskommt, kaum noch etwas mit einem gesunden Nahrungsmittel zu tun hat?

Es wäre unvernünftig, die jahrtausendealte Ernährungsgrundlage des Menschen völlig vom Speiseplan zu verbannen, wie es manche Autoren tun. Mit der richtigen Auswahl der Getreide und auch mit Alternativen, den sogenannten Pseudogetreiden, können Sie viel für Ihre Gesundheit tun und vor allem Ihre Insulinresistenz bekämpfen.

Dinkel, ein Vorläufer des Weizens, oder Emmer, seine Urform, werden heute wieder angebaut und in Bioläden oder gut sortierten Supermärkten in verschiedenen Produktvarianten angeboten. Dinkelbrot und -brötchen erfreuen sich zunehmender Beliebtheit.

Auch Hirse, die früher gern an Vögel verfüttert wurde, kann in Broten, Porridge und anderen Gerichten Verwendung finden. Hirse gehört zur Familie der Süßgräser und ist eine der ältesten Getreidesorten. Sie ist, im Gegensatz zu anderen Getreidearten, glutenfrei, enthält aber einen gesunden Mineralstoffmix und Proteine. Hirse wird auch als Mehl angeboten.

Hafer kennen wir alle als Flocken. Seine Ballaststoffe machen lange satt und senken nachweislich Blutzucker und das »böse« LDL-Cholesterin. Aber: Studien konnten nachweisen, dass Hafer oft mit Stoffen belastet ist, die da nicht hineingehören. Achten Sie daher unbedingt auf Bio-Qualität. Anstelle der beliebten Overnight Oats können Sie auch Alternativen mit Pseudogetreiden ausprobieren, die Sie ab Seite 49 finden.

Milchprodukte nur in Maßen

Kuhmilch soll Kälbchen schnell wachsen lassen und enthält Wachstumshormone. Und genau diese bringen Ihr ohnehin schon gestörtes Hormonsystem weiter durcheinander.

Haben Sie schon mal in einer TV-Dokumentation gesehen, wie Hochleistungskühe, die täglich mehr als 30 Liter Milch geben müssen, leiden? Handelsübliche Milch ist zu einem industriellen Produkt geworden, dessen Vitamine und Fette weitgehend zerstört wurden. Besonders die Qualität der fettreduzierten Varianten weist Giftstoffe auf, die bei der Fettreduktion entstehen.

Dazu kommt noch, dass in der Massentierhaltung Dinge verfüttert werden, die keine Kuh auf der Weide fressen würde. Damit sie mehr Milch geben, schneller wachsen und nicht krank werden, sind die Kühe zudem meist vollgepumpt mit Antibiotika.

Auf Milch und Milchprodukte komplett zu verzichten wäre hier die Lösung. Das ist im Alltag jedoch schwer durchzuhalten. Was aber schon möglich ist: Betrachten Sie von jetzt an Milchprodukte als Genussmittel! Hin und wieder ein Stück Käse, Joghurt oder Quark aus Bio-Produktion sind durchaus erlaubt.

Das Märchen von starken Knochen durch Milch können Sie wie bereits erwähnt getrost vergessen. Kalzium aus Brokkoli, dunklen Kohlsorten, Bohnen und Sellerie sind viel wirkungsvoller!

In meinen Rezepten verwende ich statt Milch meist pflanzliche Alternativen: Zuckerfreie Mandel-, Kokos- oder Reisdrinks geben Suppen und Desserts eine cremige Basis.

Die Hormonwirkung von Soja

Soja, die beliebte Eiweißquelle aller Vegetarier und Veganer, ist meiner Ansicht nach für Frauen mit PCO-Syndrom tabu! Das Eiweiß der Sojabohnen enthält Phyto-Östrogene, auf die der Körper ähnlich reagiert wie auf das Hormon Östrogen und die Ihren Eisprung verzögern können. Bedenklich ist auch, dass Soja zu den gentechnisch veränderten Pflanzen gehört – zumindest in den USA. Nach Europa dürfen solches Soja und seine Produkte zwar nicht importiert werden, jedoch ist die Einfuhr von Soja als Tierfutter erlaubt, sodass es schließlich doch in die Nahrungskette gelangt.

Sojamilch, Sojabratlinge und derlei Dinge sind für PCOS-Betroffene also nicht empfehlenswert. Zwar sagen die meisten Ernährungswissenschaftler den Sojaprodukten viel Positives nach – zum Beispiel seien sie hilfreich bei Übergewicht, bei Insulinresistenz oder bei hohem Cholesterinspiegel. Man könnte zudem meinen, dass bei einem Überschuss an männlichen Hormonen (Testosteron) zusätzliche Östrogene hilfreich wären. Leider ist es nicht so einfach, denn es kommt auf das richtig dosierte Zusammenspiel an. Unkontrollierbarer Konsum von Hormonen oder deren Vorstufen in Nahrungsmitteln kann das Gleichgewicht, das Ihr Endokrinologe oder Ihr Gynäkologe medikamentös herzustellen versuchen, wieder ins Wanken bringen.

Wenn Sie Sojaprodukte lieb gewonnen haben, können Sie durchaus kleinere Mengen davon in Ihren Speiseplan einbauen. Achten Sie aber darauf, Bio-Soja zu verwenden. Anstelle von Sojadrinks können Sie auf Mandel-, Haselnuss- oder Kokosdrinks ausweichen. Und statt Sojaburgern aus Sojaschnipseln machen Sie einfach Gemüsepattys für Ihre Veggie-Burger.

Transfette und Konservierungsstoffe

Transfette oder teilweise gehärtete Öle werden verwendet, um Lebensmittel haltbarer zu machen. Sie stecken in Chips, Pommes, Saucen, Müsliriegeln, Fertiggerichten, Tütensuppen – praktisch in allen industriell gefertigten Lebensmitteln. Ärzte sprechen von »Killerfetten«, wenn es um diese künstlich gehärteten Fette geht. Denn je mehr diese die Zellen blockieren, desto schlechter wirkt das Hormon Insulin, und umso eher droht Insulinresistenz oder gar Diabetes.

Am besten versuchen Sie daher, Transfette so gut es geht zu vermeiden. Zum Anbraten können Sie hitzebeständiges Bio-Kokosöl nehmen oder Pflanzenöle, die als Bratöl gekennzeichnet sind. Aber auch da können sich schädliche Fette bilden, und zwar wenn das Öl in der Pfanne zu rauchen beginnt. Bleiben Sie also am Herd stehen, wenn Sie Öl erhitzen, und geben Sie das Bratgut rechtzeitig in die Pfanne.

Alkohol besser vermeiden

Man sagt dem Alkohol – besonders dem Rotwein – gern gesundheitsfördernde Wirkungen nach. Antioxidantien und rote Pflanzenfarbstoffe sind angeblich gut für die Blutgefäße, senken das LDL-Cholesterin usw. Tatsache ist, dass all diese Stoffe auch im unvergorenen Traubensaft enthalten sind – ohne die schädliche Wirkung des Alkohols.

Wenn Sie ab und zu ein Glas Wein zur Entspannung oder in Gesellschaft genießen wollen: Trinken Sie an einem Tag nicht mehr als zwei bis drei Alkoholeinheiten, auch wenn Sie nur zwei- oder dreimal im Monat alkoholische Getränke konsumieren.

Eine Einheit Alkohol entspricht dabei 10 Milliliter purem Alkohol. Und der ist enthalten in zum Beispiel einem Shot Wodka (4 cl), 250 Milliliter Bier oder 100 Milliliter Sekt oder Wein.

Bedenken Sie außerdem, dass Alkohol viele leere Kalorien enthält, sich womöglich mit Ihren verschriebenen Medikamenten nicht verträgt und sein Konsum den Appetit steigert.

Was können und sollen Sie essen?

Obst und Gemüse

Je grüner, desto besser: Bauen Sie möglichst viele grüne Gemüse, besonders Blattgemüse, in Ihren Speiseplan ein. Diese enthalten alle wichtigen Vitamine und Mikronährstoffe, die Sie zur Bewältigung der Symptome, an denen Sie aufgrund von PCOS leiden, brauchen. Das sind vor allem Eisen, Kalium, Kalzium, Magnesium, Zink und Selen sowie der Vitamin-B-Komplex und die Vitamine A, C, E und K. Bunte Gemüse wie Tomaten, Paprika oder Rettich weisen reichlich Antioxidantien auf und stärken das Immunsystem. Maßvoll genießen sollten Sie sehr stärkehaltige Gemüse wie Mais, Kartoffeln oder Erbsen, die Ihren Blutzucker- und Insulinspiegel in die Höhe treiben.

Obst beinhaltet neben Vitaminen und Mineralstoffen die sogenannten Phytonährstoffe, von denen es etwa 25.000 gibt. Das sind zum Beispiel Pflanzenfarbstoffe, die Obst und Gemüse von Feinden schützen und auch für uns nützlich sind.

Wenn Sie befürchten, dass durch den Fruchtzucker Ihr Insulinspiegel zu stark ansteigen könnte, halten Sie sich an die zuckerärmeren Sorten wie Grapefruit, Äpfel, Birnen und vor allem Beeren. Letztere bieten so viele gesunde Stoffe, dass Sie ihren Zuckergehalt in Kauf nehmen können. Sinnvoll ist es, zum Obst auch immer eine Handvoll Nüsse zu essen, da deren Eiweiß hilft, den Blutzuckerspiegel zu regulieren.

Komplexe Kohlenhydrate

Während Süßigkeiten, Teig- und Backwaren aus weißem Mehl und geschälter Reis Ihren Blutzuckerspiegel und damit auch Ihren Insulinspiegel rasch ansteigen lassen, gibt es eine Menge Lebensmittel mit »guten« Kohlenhydraten. Von einer strengen Low-Carb- oder gar einer No-Carb-Ernährung rate ich daher immer ab. Das heißt, Sie können – gerade morgens und mittags – Kohlenhydrate aus Hülsenfrüchten und Pseudogetreiden essen, denn diese enthalten langkettige Kohlenhydrate, die langsam abgebaut werden und deren Zucker daher nur nach und nach ins Blut gelangt. Das wirkt sich positiv auf den Insulinstoffwechsel aus und verbessert eine schon vorhandene Insulinresistenz. Das gilt auch für Vollkornprodukte, die aber Gluten beinhalten, das Entzündungen befördern kann. Also genießen Sie leckere Roggenbrötchen und Körnerbrote eher selten und wenn, dann in Bio-Qualität.

Gesunde Fette

Für den Hormonhaushalt sind Fette sehr wichtig. Deshalb sollten Sie, auch wenn Sie abnehmen müssen, nicht unbedingt bei den Fetten sparen. Kalt gepresstes Oliven-, Raps- oder Kokosöl können Sie großzügig in der Pfanne verteilen. In Salaten sollten Sie Leinöl und Nussöle bevorzugen. Lein- und andere Samen sowie Nüsse wirken besser als jede Nahrungsergänzung. Besonders die Avocado ist beim PCOS eine Wunderwaffe. Neben viel Omega-3-Fettsäuren enthält sie auch Vitamin E, das die Progesteronbildung[1] anregt.

In Fleisch von artgerecht gehaltenen Tieren finden sich ebenfalls neben hochwertigen Proteinen (siehe den nächsten Absatz) viele Omega-3-Fettsäuren in einem günstigen Verhältnis zu Omega-6-Fettsäuren. Zu viele Omega-6-Fettsäuren, wie sie in der modernen, das heißt industriellen Ernährung, ohnehin vorkommen, würden die versteckten Entzündungen weiter befördern. Fettreiche Seefische, allen voran der Lachs, tragen auch zur Versorgung mit gesunden Fetten bei.

1 Progesteron, auch Gelbkörperhormon, wird im Eierstock gebildet. Es regelt den Menstruationszyklus und bereitet die Gebärmutter auf eine Schwangerschaft vor.

Hochwertige Proteine

Der Körper braucht Eiweiß, denn er kann es nicht selbst herstellen. Pflanzliches Eiweiß finden Sie in Hülsenfrüchten und Pseudogetreiden. Dazu noch in Nüssen und Samen. Fleisch, ein wichtiger Eiweißträger, sollte am besten nur von artgerecht gehaltenen Tieren stammen. Das Argument, Bio-Fleisch oder Fleisch von artgerecht gehaltenen Tieren sei viel zu teuer, zählt nicht. Denn niemand muss täglich Fleisch essen, erst recht kein Billigfleisch! Ein- bis zweimal pro Woche hochwertiges Fleisch macht Ihre Mahlzeit zu etwas Besonderem – wie früher der Sonntagsbraten. Alle roten Fleischsorten – insbesondere Schweinefleisch – werden als entzündungsfördernd und möglicherweise krebserregend eingestuft und sollten daher – und weil die Tierhaltung problematisch für die Umwelt ist – äußerst selten konsumiert werden. Fleisch von Rind und Lamm ist wegen des Eisengehalts für die Ernährung von PCOS-Patientinnen hin und wieder empfohlen. Auf jeden Fall aber ist Bio-Geflügel eine gute Wahl für die Proteinversorgung.

Lassen Sie auch die Finger von industriell hergestellten Fleischersatzprodukten! Sie werden mithilfe von Soja und Weizeneiweiß produziert – das braucht man beim PCO-Syndrom auf gar keinen Fall! Sollten Sie in Versuchung geraten: Lesen Sie die lange Liste der Inhaltsstoffe! Dort finden Sie Palmfett, Farbstoffe, Geschmacksverstärker, Verdickungsmittel, oft über 10% Zucker, viel Salz und jede Menge E-Nummern.

Fisch ist grundsätzlich ein guter Eiweiß- und Omega-3-Fettsäure-Lieferant. Angesichts der derzeitigen Überfischung der Meere und auch der Belastung durch Umweltgifte müssen Sie allerdings genau überlegen, welchen Fisch Sie kaufen. Das kann von Land zu Land verschieden sein, weshalb ich hier keine allgemeine Empfehlung aussprechen kann. Oft kommt »frischer« Fisch von weither, um europäische Fangquoten zu umgehen. Die Bestände von Kabeljau und Scholle haben sich in den letzten Jahren teilweise erholt, deshalb ändern sich die Empfehlungen ständig. Auf der sicheren Seite sind Sie, wenn Sie darauf achten, ob mit nachhaltigen Fangmethoden gearbeitet wurde. Bei Zuchtfischen können Sie zu Bio-Ware greifen. Die bekanntesten Siegel sind ASC (Ernährung bei Zuchtfischen) und MSC (zertifizierter Wildfang). Am besten kaufen Sie Fisch beim seriösen Fachhändler und lassen sich beraten. Meine Fischrezepte (ab Seite 160) können Sie mit allen Fischsorten, die gerade »erlaubt« sind zubereiten.

Ersatz für Milchprodukte

Milchalternativen sind keine ganz neue Erfindung. Bereits im Mittelalter gab es in Europa Mandelmilch. (Damals durfte sie noch so genannt werden. Mittlerweile heißen diese Getränke in der EU »Drink«.) Veganer, die gänzlich auf tierische Nahrungsmittel verzichten, schätzen diese Alternativen besonders. Aber auch sonst sind Nuss- und Getreidedrinks eine geschmackliche Abwechslung. Nur auf Sojamilch sollten Sie aus schon beschriebenen Gründen verzichten.

Sie können mit diesen Produkten genauso backen, kochen und mixen wie mit Kuhmilch. Sogar der Schaum auf dem Cappuccino lässt sich mit Mandel- oder Hafermilch einigermaßen herstellen.

Nussdrinks – und allen voran der Mandeldrink – sind in den USA ein Riesenhype und werden in Europa auch immer beliebter. Die Herstellung ist einfach: Nüsse, geröstet oder ungeröstet, werden fein gemahlen, mit Wasser versetzt, gekocht, filtriert und abgefüllt. Es gibt mittlerweile die Sorten Macadamia, Haselnuss und Cashew. Wahrscheinlich werden wir nicht mehr lange auf Paranuss-, Walnuss- oder Pekandrinks warten müssen. Achten Sie beim Einkauf unbedingt darauf, ungesüßte Varianten zu wählen.

Bei den Getreidedrinks gab es zu Anfang nur Produkte aus Reis, dann kamen Hafer und Dinkel dazu. Auch hier werden gemahlene Körner eingeweicht und filtriert. Zusätzlich wird die Masse mit Enzymen angereichert, um den Fermentationsprozess einzuleiten. Dadurch wird die Getreidestärke zu Zucker umgebaut, was sich in süßlichem Geschmack bemerkbar macht.

Viele dieser Drinks gibt es auch in sahnigen Formen. Sie heißen dann zum Beispiel Mandel-Kochcreme oder Kokos Cuisine und lassen sich für Desserts und Saucen ebenso einsetzen wie Sahne aus Kuhmilch – nur Schlagsahne können Sie daraus nicht machen.

Pseudogetreide

Dass Getreide wie Weizen, Roggen und Hafer für die tägliche Ernährung beim PCO-Syndrom bedenklich sind, habe ich bereits auf Seite 19 beschrieben. Als Alternative empfehle ich Quinoa, Amarant und Buchweizen. Sie sind die bekanntesten sogenannten Pseudogetreide. Ihre vielen Mineralstoffe und hochwertiges Eiweiß machen sie zu bedeutenden Lebensmitteln, die für alle Mahlzeiten ver-

wendet werden können. Sie sind glutenfrei – was allerdings ihre Backeigenschaften sehr beeinträchtigt. Besonders viele Vitalstoffe sind in Hirse, welche zwar zu den Getreiden zählt, jedoch glutenfrei ist.
All die genannten Pseudogetreide sowie Hirse enthalten natürlich eine Menge Kohlenhydrate, weshalb in den Rezepten eher kleinere Mengen davon zum Einsatz kommen. Diese reichen jedoch aus, um gegen Insulinresistenz zu wirken und Sie von den reichlich enthaltenen Mineralstoffen profitieren zu lassen. Die Erfahrung in meinen Gruppen hat gezeigt, dass es sinnvoll ist, größere Mengen davon vorzukochen. Sie können diese dann portioniert ein paar Tage im Kühlschrank aufbewahren oder einfrieren. Die Anleitungen zum Vorkochen finden Sie ab Seite 41.
Als Ersatz für Spaghetti & Co. können Sie auch mal Teigwaren zum Beispiel aus Buchweizen, Kichererbsen oder Linsen probieren. Sie bekommen Sie in Bio-Läden, aber auch in gut sortierten Supermärkten. Seien Sie aber nicht enttäuscht, dass diese nicht ganz so schmecken wie das Original!

Sinnvolle Entzündungshemmer

Es gibt eine Reihe von Lebensmitteln, die nachweislich chronische, unerkannte Entzündungen (*silent inflammations*) im Körper beeinflussen. Da fast alle Frauen mit PCOS diese störenden Entzündungen aufweisen, ist, wie bereits gesagt, auf jeden Fall der Verzicht auf Zucker, Weißmehl, Milchprodukte, Alkohol, verarbeitete Produkte und Rauchen Pflicht. Gleichzeitig können Sie in fast jedem Gericht aber zusätzlich auch entzündungshemmende Stoffe unterbringen: Ingwer und gemahlene Kurkuma (gibt es auch als weiße Version) bekämpfen Entzündungen ebenso wie alle grünen Gemüse – am meisten davon der Grünkohl. Weitere geeignete Zutaten wie Beeren, Papaya, Kirschen und viele Gewürze finden Sie in der Tabelle ab Seite 30.

Nicht zu vergessen die schon erwähnten gesunden Fette, die Omega-3-Fettsäuren enthalten. Sie wirken nicht nur vorbeugend gegen Entzündungen, sondern reduzieren auch schon vorhandene.

Tee

Studien belegen, dass regelmäßiger Genuss von Tee die Insulinresistenz reduzieren kann. Welchen Tee Sie bevorzugen, ist dabei ziemlich egal: schwarz, grün oder Oolong – aber natürlich alles in Bio-Qualität.
Gute Wirkung gegen die erhöhten Androgenwerte beim PCO-Syndrom erzielen Sie mit Minze, Süßholz, chinesischer Pfingstrose und auch grünem Tee.
Gegen Entzündungen wirksam sind Tees aus Brombeerblättern, Hagebuttenschalen, Sanddorn oder Fenchelsamen.

Schokolade

Schokolade macht glücklich! Und in Maßen genossen ist sie auch noch gesund – zumindest die Bitterschokolade. Je höher der Kakaogehalt der Schokolade (mindestens 70 %), desto besser für Sie. Gleichzeitig haben diese intensiven Schokoladen einen recht geringen Zuckeranteil.

Super für Smoothies, Drinks und zum Backen ist schwach entöltes Kakaopulver[2], das auch als Superfood gehandelt wird, da es den höchsten Magnesiumgehalt aller Lebensmittel hat. Aber Achtung! Zusammen mit Kuhmilch und Zucker gehen alle Vorteile des Wunderpulvers flöten. Roher Kakao sollte auch nicht über 42 °C erhitzt werden.
Vermeiden sollten Sie Milchschokoladen, da sie industriell verarbeitet sind und allerlei Zusätze enthalten.

Besonders empfehlenswerte Lebensmittel

In der folgenden Tabelle stelle ich Ihnen besonders wertvolle Nahrungsmittel vor. Natürlich besteht hier kein Anspruch auf Vollständigkeit, die Aufzählung gibt Ihnen aber einen Anhaltspunkt, was Sie öfters in Ihren Speiseplan einbauen sollten. Fett gedruckte Lebensmittel sollten Sie zu Ihren Lieblingen machen! Frauen mit Kinderwunsch müssen gezielt auf die Versorgung mit bestimmten Vitaminen und Mineralstoffen achten, deshalb ist das in der Tabelle auch entsprechend angegeben. Während bei den Nahrungsmitteln, die gegen Entzündungen und bei Insulinresistenz wirksam sind, nach Nahrungsmittel-Gruppen aufgelistet wurde.

2 Es gibt zwei Sorten Kakaopulver: Schwach entöltes Kakaopulver (»Edelkakao«) enthält 20 Prozent Kakaobutter, viel Omega-3-Fettsäuren und schmeckt intensiv nach Schokolade. Stark entöltes Kakaopulver weist lediglich 10 Prozent Fett auf, ist besser löslich, hat aber nur unwesentlich weniger Kalorien.

Bei PCOS empfohlene Nahrungsmittel

Bei Kinderwunsch

A-Vitamine

Aprikosen
Brokkoli
Buchweizen
Eier
Grünkohl
Kürbiskerne
Lamm
Makrelen
Möhren
Paranüsse
Quinoa
Radieschen
Rettich
Rote Bete
Spinat
Süßkartoffel
Thunfisch

B-Vitamine

Brokkoli
Eier
Fisch, möglichst fett
Hühnerfleisch
Hülsenfrüchte
Nüsse
Pilze
Samen
Spinat

Vitamin D

Eier
Heilbutt
Lachs
Makrelen
Pilze, besonders Shiitake
Thunfisch

Vitamin E

Amarant
Erdnüsse
Lammfleisch
Mandeln
Olivenöl
Paprikaschoten
Quinoa
Rindfleisch
Sonnenblumenkerne

Eisen

Amarant
Buchweizen
Datteln
Hirse
Hühnerfleisch
Kürbiskerne
Rindfleisch
Rotkohl
Sesam

Nährstoff	Lebensmittel
Folsäure (Vitamin B9)	Amarant Beerenobst Eier **Grünes Gemüse** Haferflocken **Kirschen, Sauerkirschen** **Kohl – alle Sorten** Papaya **Quinoa** **Sonnenblumenkerne** **Spinat**
Omega-3-Fettsäuren	**Avocadoöl** **Chia-Samen** **Forelle** Kokosöl **Lachs** **Leinsamen und -öl** Olivenöl **Rapsöl** **Schellfisch** **Thunfisch** Walnüsse
Magnesium	**Amarant** Aprikosen **Bananen** Grüne Bohnen grüne Gemüse **Kakaobohnen** Kürbiskerne **Naturreis** Quinoa Sesam
Zink	Blumenkohl **Brokkoli** Lamm Meeresfrüchte Rindfleisch Rotkohl

Gegen Entzündungen

Gemüse

Artischocken
Auberginen
Avocado
Blattsalate
Blumenkohl
Brokkoli
Chinakohl
Feldsalat
Fenchel
Grünkohl
Kartoffeln
Kresse
Lauch
Mangold
Möhren
Paprikaschoten, rot
Radieschen
Rettich
Rosenkohl
Rote Bete
Rucola
Sauerkraut
Shiitakepilze
Spinat
Tomaten
Weißkohl
Zwiebeln

Getreide

Amarant
Buchweizen
Hirse
Naturreis
Quinoa

Gewürze

Basilikum
Chili
Fenchelsamen
Gewürznelken
Ingwer
Kreuzkümmel
Kurkuma
Majoran
Muskat
Petersilie
Salbei
Senf
Zimt

Obst

Ananas
Äpfel
Aprikosen
Brombeeren
Erdbeeren
Heidelbeeren
Himbeeren

Obst	
	Johannisbeeren
	Kirschen
	Kiwi
	Papaya
	Rhabarber
	Wassermeone
	Weintrauben, rot
	Zitrusfrüchte

Nüsse und Samen	
	Erdnüsse
	Kakaobohnen
	Kokosnuss
	Kürbiskerne
	Leinsamen
	Mandeln
	Paranüsse
	Sesam
	Sonnenblumenkerne
	Walnüsse

Öle	
	Arganöl
	Hanföl
	Leinöl
	Olivenöl
	Rapsöl
	Walnussöl

Fisch	
	Hering
	Lachs
	Makrele

Bei Insulinresistenz

Ballaststoffe	**Avocado** Chia-Samen Gemüse **Hülsenfrüchte** **Kichererbsen** Kokosraspel Leinsamen Linsen Mandeln **Nüsse, alle** Obst Pilze
Gemüse	Fenchel **Kohl, alle Sorten** Kürbis Möhren **Paprika** Rote Bete Schwarzwurzel **Süßkartoffel** **Topinambur**
Obst	Äpfel **Beerenobst, alle Sorten** Birnen Kiwi Wassermelone
Komplexe Kohlenhydrate	**Amarant** Buchweizen Bulgur Graupen Hirse **Hülsenfrüchte** **Leinsamen** Naturreis Nüsse **Quinoa** Samen Vollkornprodukte
Hochwertiges Fett	**Avocado** Fisch, fettreich Leinöl Nüsse **Nussöle** Olivenöl Rapsöl
Proteine	**Eier** Fisch Geflügel **Hülsenfrüchte** Nüsse

Selen	Blumenkohl **Brokkoli** **Champignons** Fisch Kokosnuss **Lammfleisch** Makrele Naturreis **Paranüsse (max. 3 Stück pro Tag)** Pistazien	Unbedingt meiden	Alkohol Fruchtsäfte Marmelade Müsli, Fertigprodukt Reis, poliert Teigwaren Transfette Weißmehl Zucker Zwischenmahlzeiten

B-Vitamine	s. Kinderwunsch
Vitamin D	s. Kinderwunsch
Vitamin E	s. Kinderwunsch
Magnesium	s. Kinderwunsch
Zink	s. Kinderwunsch

Hinweise zur Vorratshaltung

Sie müssen natürlich nicht alles wegwerfen, was sich mit der Zeit so in Ihrem Vorratsschrank angesammelt hat. Einiges davon wird aber bestimmt nicht zu einer PCOS-gerechten Ernährung passen. Stellen Sie diese Nahrungsmittel erst einmal beiseite oder verschenken Sie sie.

Sind Ernährungsübel wie weißer Zucker, Mehl oder Teigwaren aus Ihrem Sichtfeld verbannt, wird es Ihnen sicher leichter fallen, von alten Essgewohnheiten zu lassen.

Sie müssen auch keinesfalls alle empfohlenen Lebensmittel auf einmal einkaufen. Gehen Sie die Vorratsumstellung sachte an und fügen Woche für Woche etwas hinzu, das Ihnen wirklich schmeckt und das Sie oft verwenden werden.

Zum Beispiel könnten Sie jeweils für drei Tage oder eine Woche im Voraus einen Speiseplan mit entsprechender Einkaufsliste für die erforderlichen Lebensmittel erstellen und so Nüsse, Samen, Gewürze und besondere Öle nach und nach Ihrem Vorratsschrank hinzufügen.

Die Vorteile der Aufmerksamkeit – nicht nur bei der Ernährung

Wenn Sie so viele Schädlinge wie möglich vermeiden und sich den »erlaubten« Lebensmitteln zuwenden, werden Sie nach einiger Zeit (Geduld ist allerdings gefragt!) eine Verbesserung Ihrer Symptome verspüren. Ihre Insulinresistenz wird sich verringern und damit die übermäßige Produktion von Androgenen. Akne und Haarausfall schwinden langsam, Ihre Stimmung verbessert sich, und nicht zuletzt normalisiert sich zudem Ihr Gewicht. Das alles erhöht Ihre Chancen, doch noch schwanger zu werden.

Wenn Sie sich neben der Ernährungsumstellung auch noch um ausreichend Schlaf (sieben bis neun Stunden), regelmäßige Bewegung (mindestens zweimal pro Woche, z. B. Aerobic, Walken) und Ruhe-Inseln in Ihrem Leben (30 Minuten täglich, z. B. Yoga, Mediation, warmes Bad) kümmern, werden Sie auch eine positive Einstellung zu Ihrem Körper gewinnen. Das wiederum trägt zur Entspannung bei. Seien Sie aufmerksam sich selbst gegenüber, genießen Sie den Moment und vor allem: Schämen Sie sich nicht! Sie haben keine Schuld daran, an PCOS zu leiden! Aber Sie können etwas dagegen tun – allein das sollte Sie schon etwas froher machen.

Vielleicht finden Sie in Ihrer Nähe eine Gruppe, in der Sie sich austauschen können und wertvolle Ratschläge erhalten. Denn die PCO-Symptome sind unglaublich vielfältig – bei jeder Frau gibt es unterschiedliche Auslöser für das Leiden. In einer Gruppe können Sie über all das offen sprechen und so auch sich selbst ein Stück näher kommen.

Zum Umgang mit diesem Buch

Alle Rezepte habe ich entweder selbst entwickelt, oder sie stammen von Teilnehmerinnen aus meinen Gruppen. Achten Sie bitte darauf, für wie viele Portionen das jeweilige Rezept konzipiert ist. Vieles eignet sich gut zum Einfrieren, davon mache ich immer gleich vier Portionen, manches können Sie zum Mitnehmen vorbereiten und im Kühlschrank aufbewahren. *Meal prep*, also das Vorkochen von Mahlzeiten, spart Zeit und Energie!
Da einige grundsätzliche Dinge für alle Rezepte gelten, möchte ich sie hier gebündelt zusammenfassen:

- Sofern Milch und Joghurt verwendet werden, sind die Produkte mit 3,5 % Fett gemeint – die fettreduzierten Varianten enthalten mehr Kohlenhydrate! Nehmen Sie unbedingt Frischmilch, denn homogenisierte Milch hat fast keine Vitamine mehr.
- Auch für Quark und Frischkäse gilt: Wählen Sie selbst beim Abnehmen höhere Fettstufen. Die Light-Produkte enthalten mehr Kohlenhydrate und Emulgatoren.
- Die Mengenangaben bei Gemüse und Obst beziehen sich auf ungeputzte Ware.
- Mit Zwiebel ist ein Exemplar von ca. 100 g gemeint. Eine kleine Zwiebel hat etwa 75 g, eine große 150 g.

Die Rezepte sind verschiedenen Kategorien zugeordnet. Damit sehen Sie auf einen Blick, welche therapeutische Wirkung im Vordergrund steht.

Kinderwunsch

Gegen Insulinresistenz

Entzündungshemmend

Abnehmen

Vegan

Vegetarisch

Rezepte

Ideal zum Vorbereiten

Viele Rezepte habe ich für nur eine Portion konzipiert. Sie können die entsprechenden Mengen bei Bedarf jeweils problemlos mit der Anzahl der benötigten Portionen multiplizieren. Manche Rezepte sind aber auch für zwei oder vier Portionen ausgelegt, da sie sich, sofern Sie nicht alles für eine Mahlzeit benötigen, sehr gut im Kühlschrank halten, eingefroren werden können oder zum Mitnehmen geeignet sind. Besonders wenn die glutenfreien Pseudogetreide, Naturreis oder Linsen verwendet werden, ist es ziemlich zeit- und energieaufwendig, immer nur kleine Mengen zu kochen. Deshalb finden Sie auf den nächsten Seiten Hinweise zu Nahrungsmitteln, die Sie gut vorkochen und dann portioniert im Kühlschrank aufbewahren oder einfrieren können. In den Rezepten erwähne ich dann noch, wie viel Gramm vorgekochte bzw. rohe Zutaten Sie brauchen.

Auf Vorrat

Quinoa

Für ca. 16 Portionen à 100 g • Pro Portion: 110 kcal, 4 g E, 2 g F, 19 g KH

500 g Quinoa, Farbe beliebig
1200 ml Wasser
½ TL Salz

1. Quinoa in ein Sieb geben, heiß abbrausen und abtropfen lassen. Wasser in einen größeren Topf gießen, salzen und aufkochen lassen. Quinoa dazugeben und 15 Minuten offen bei mittlerer Hitze garen.
2. Topf vom Herd nehmen, Quinoa mit einer Gabel auflockern und ca. 15 Minuten ausdampfen lassen.
3. Die fertige Quinoa in Portionen nach Bedarf aufteilen und 5–7 Tage gut verschlossen im Kühlschrank oder bis zu 6 Monate im Tiefkühler aufbewahren.

Tipp: Für die Zubereitung in kleineren Mengen rechnen Sie immer die doppelte Menge Wasser (Hohlmaß verwenden!). 50 g Quinoa roh ergeben ca. 150 g verzehrfertige Quinoa, für 100 g verzehrfertige Quinoa müssen Sie ca. 35 g rohe Körner kochen.

Info: Quinoa, ein Pseudogetreide, hat relativ wenig Kalorien und ist zudem glutenfrei. Das »Inkagetreide« gibt es in Rot, Weiß und Schwarz (auch mal bunt gemischt). Die perlweißen Körner sind eher mild, die roten nussig und kerniger, die schwarzen intensiv im Geschmack und recht bissfest.

Amarant

Für ca. 12 Portionen à 100 g • Pro Portion: 161 kcal, 6 g E, 3 g F, 28 g KH

500 g Amarant
1200 ml Wasser

1. Amarant in ein Sieb geben und gründlich heiß abbrausen – das entfernt einen Teil der Bitterstoffe. Zusammen mit dem Wasser in einen hohen Topf füllen, aufkochen lassen und zugedeckt 20 Minuten sanft köcheln.
2. Bei abgeschaltetem Herd weitere 15 Minuten offen ausdampfen lassen.
3. Den fertigen Amarant in Portionen nach Bedarf aufteilen und 5–7 Tage gut verschlossen im Kühlschrank oder bis zu 6 Monate im Tiefkühler aufbewahren.

Tipp: Probieren Sie den Amarant gegen Ende der Kochzeit – er soll eher noch bissfest bleiben. Die Gefahr, dass die kleinen Kügelchen zu einem Brei verkochen, ist recht groß.

Info: Amarant – wie auch Buchweizen und Quinoa – ist ein Schein- oder Pseudogetreide. Die Körnchen sind winzig klein, ähnlich wie Senfsaat. Mit vielen Mineralstoffen und essenziellen Proteinen, Ballaststoffen und ungesättigten Fettsäuren verspricht Amarant ein dickes Gesundheits-Plus.

Pops

– Amarant-Pops, Quinoa-Pops oder auch Hirse-Pops können sie ganz einfach selbst machen: den Boden einer beschichteten Pfanne mit Amarant, Quinoa oder Hirse bedecken, dann einen Deckel auflegen und die Pfanne erhitzen. Nach etwa 30 Sekunden beginnen die Körner zu springen (»poppen«). Pfanne sofort vom Herd nehmen und mit geschlossenem Deckel schwenken. Dabei platzen die Körner (wie bei Popcorn) auf.

Buchweizen

Für ca. 12 Portionen à 100 g • Pro Portion: 144 kcal, 4 g E, 1 g F, 30 g KH

500 g Buchweizen
1 l Wasser
1 TL Salz

1. Buchweizen in ein Sieb geben und heiß abbrausen. Zusammen mit Wasser und Salz in einen hohen Topf füllen, aufkochen lassen und offen 10 Minuten auf mittlerer Flamme köcheln lassen.
2. Topf vom Herd nehmen und Buchweizen 15 Minuten ausdampfen lassen.
3. Den fertigen Buchweizen in Portionen nach Bedarf aufteilen und 5–7 Tage gut verschlossen im Kühlschrank oder bis zu 6 Monate im Tiefkühler aufbewahren.

Tipp: Nehmen Sie unbedingt einen höheren Topf, denn Buchweizen schäumt beim Kochen und dann läuft das Ganze leicht über.

Info: Buchweizen ist nicht – wie der Name vermuten ließe – ein Getreide, sondern mit dem Knöterich verwandt. Er weist kein Gluten und auch keine Weizenlektine auf, die versteckte Entzündungen in der Darmschleimhaut verursachen sollen. Buchweizen ist zudem nährstoffreicher als die üblichen Getreidesorten: Er liefert alle acht essenziellen Aminosäuren und ist daher für Vegetarier und Veganer ein Eiweißlieferant par excellence. Das enthaltene Lecithin senkt den Cholesterinspiegel und gibt der Leber die nötige Kraft, um Ihren Körper zu entgiften.

Buchweizen quillt nach dem Kochen bis zum Abkühlen noch weiter. Vor der Zubereitung der Rezepte ist daher eventuell noch etwas Flüssigkeit nötig, wenn der Brei recht fest geworden ist. Buchweizen schmeckt auch roh geknabbert recht gut. Wenn Sie wollen, können Sie die Körnchen zuvor auch ca. 3 Minuten in einer beschichteten Pfanne ohne Fett anrösten.

Die volle Ladung der guten Inhaltsstoffe erhalten Sie, wenn Sie Buchweizen keimen lassen und dann die Keimlinge in Müslis oder Salaten verwenden. Das geht mit etwas Geduld ganz einfach: Buchweizen 1 Stunde in einer Schüssel mit lauwarmem Wasser einweichen. Dann durch ein Sieb abgießen und im Sieb stehen lassen. 2 Tage lang 2–3 Mal täglich mit kaltem Wasser gründlich abbrausen. Bald sehen Sie an den Körnchen einen kleinen schwarzen Punkt, aus dem dann eine Sprosse keimt.

Hirse

Für ca. 17 Portionen à 100 g • Pro Portion: 102 kcal, 3 g E, 1 g F, 20 g KH

500 g Goldhirse
1200 ml Wasser
1 Prise Salz

1. Die Hirse in ein Sieb geben, heiß abbrausen und in einen Topf füllen. Wasser und Salz dazugeben, aufkochen lassen und alles bei reduzierter Hitze 8 Minuten köcheln lassen.
2. Topf vom Herd nehmen und Hirse 10 Minuten quellen lassen.
3. Die fertige Hirse in Portionen nach Bedarf aufteilen und 5–7 Tage gut verschlossen im Kühlschrank oder bis zu 6 Monate im Tiefkühler aufbewahren.

Tipp: Für die Zubereitung in kleineren Mengen rechnen Sie immer die 2,5-fache Menge Wasser (Hohlmaß verwenden!). 50 g Hirse roh ergeben ca. 170 g verzehrfertige Hirse. Für 100 g verzehrfertige Hirse müssen Sie etwa 30 g rohe Körner kochen.

Info: Hirse zählt botanisch zu den Süßgräsern, ist also ein Getreide, aber dennoch glutenfrei. Sie kann gelb, weiß, rot oder braun sein und enthält viele Mineralstoffe, besonders Magnesium, Eisen und Silicium. Knochen, Haut, Haare und Nägel freuen sich besonders, wenn sie durch regelmäßige Hirse-Portionen Stärkung und Unterstützung bekommen.
Im Gegensatz zu Pseudogetreiden kann man Hirse nicht roh essen, und sie eignet sich auch nicht zum Keimen.

Naturreis

Für ca. 6 Portionen à 100 g • Pro Portion: 150 kcal, 3 g E, 1 g F, 33 g KH

250 g Naturreis
550 ml Wasser
1 Prise Salz

1. Den Reis in ein Sieb geben und heiß abbrausen. Mit Wasser und Salz in einen Topf füllen, aufkochen lassen und Reis anschließend bei milder Hitze zugedeckt 25 Minuten quellen lassen, bis an der Oberfläche kleine Vertiefungen zu sehen sind.
2. Topf vom Herd nehmen, Reis mit einer Gabel auflockern und offen ausdampfen lassen.
3. Den fertigen Reis in Portionen nach Bedarf aufteilen und 5–7 Tage gut verschlossen im Kühlschrank oder bis zu 6 Monate im Tiefkühler aufbewahren.

Tipp: Sie können den Reis auch bei 200 °C Ober-/Unterhitze (Umluft 180 °C) im Backofen garen. Dazu den Reis mit dem Salzwasser in einen hitzebeständigen Topf mit Deckel füllen und etwa 1 Stunde im Ofen garen.

Info: Naturreis ist ungeschält und daher dunkler als weißer Reis. In seinen silbrigen Häutchen stecken viele Nährstoffe. Die Kochzeit ist je nach Sorte etwas länger als beim weißen, geschälten Reis. Ebenfalls ungeschält ist roter Reis aus Frankreich, den Philippinen oder Indonesien.
Der schwarze Wildreis ist eigentlich eine Graspflanze, hat aber auch alle gesunden Eigenschaften und kann getrost mit anderen Reissorten vermischt werden.
Kochen Sie den Reis auf jeden Fall nach der beschriebenen Quellmethode, damit keine wertvollen Inhaltsstoffe verloren gehen.

Linsen

Für ca. 14 Portionen à 100 g • Pro Portion: 87 kcal, 8 g E, 1 g F, 15 g KH

500 g Tellerlinsen
1600 ml Wasser

1. Die Linsen in ein Sieb füllen und kalt abbrausen. Mit dem Wasser in einen geräumigen Topf (die Linsen quellen auf!) geben und bei milder Hitze 25 Minuten garen.
2. Die fertigen Linsen in Portionen nach Bedarf aufteilen und 5–7 Tage gut verschlossen im Kühlschrank oder bis zu 6 Monate im Tiefkühler aufbewahren.

Info: Auf den meisten Packungen wird empfohlen, die Linsen in der dreifachen Wassermenge 45 Minuten zu kochen. Verschiedene Kochzeiten ergeben sich durch die unterschiedlichen Sorten und auch durch das Alter der Linsen. Ich empfehle als Minimum zunächst etwa 25 Minuten zu garen, dann zu probieren. Sind die Linsen noch nicht weich, geben Sie einfach etwas Wasser dazu und lassen sie weiter garen. Gewürzt werden Linsen immer erst nach dem Kochen. Sie können aber, wenn Sie wollen, 1–2 Zweige Rosmarin, Thymian oder Majoran mitkochen.
Rote oder gelbe Linsen brauchen Sie nicht vorzukochen, die sind in 10 Minuten gar.
Vorsicht, wenn Sie zu Gicht neigen und erhöhte Harnsäurewerte haben. Der hohe Eiweißgehalt kann in diesen Fällen gefährlich sein.

Wichtige Inhaltsstoffe von Pseudo-Getreide und ihr Nutzen

In der Tabelle sehen Sie zusammengefasst, wie das Verhältnis roh zu gekocht bei den gerade genannten Lebensmitteln ist. Außerdem können Sie auf einen Blick erkennen, welche wichtigen Inhaltsstoffe enthalten sind und für welche Bereiche diese besonders zu empfehlen sind.

	roh	gekocht	Inhalt	gut für
Quinoa	35g 50g	100g 150g	Zink, Kalium, Folsäure, Eisen, Magnesium	Insulinresistenz, Cholesterin, Bluthochdruck
Amarant	40g	100g	Zink, Magnesium, Kalium, Eisen, Mangan, 15% Eiweiß	Insulinresistenz, Immunsystem, Fettstoffwechsel
Buchweizen	40g	100g	Magnesium, Kalium, Eisen, Selen	Insulinresistenz, Entzündungen, Bluthochdruck
Hirse	30g 50g	100g 170g	Fluor, Eisen, Silicium, Magnesium, Kupfer, B-Vitamine, Polyphenole	Insulinresistenz, Entgiftung, Fatigue
Naturreis	45g	100g	B-Vitamine, Niacin, Folsäure, Magnesium, hochwertiges Eiweiß	Insulinresistenz, Entzündungen, Darmprobleme
Tellerlinsen	35g	100g	Magnesium, Kalium, Eisen, Zink, Folsäure, hochwertiges Eiweiß, B-Vitamine	Insulinresistenz, Immunsystem, Entgiftung

Frühstück

Wenn Sie sich für eine Ernährungsweise entscheiden, bei der Sie alle eventuellen und tatsächlichen Schadstoffe (Gluten zum Beispiel oder Laktose) eliminieren, müssen Sie Ihr Frühstückskonzept wahrscheinlich völlig neu überdenken. Die in Mitteleuropa gängigen Brotsorten aus Weizen, Roggen, aber auch Dinkel sind weitgehend tabu und Brötchen aus hellem Mehl sowieso. Wenn Sie meinen, gar nicht darauf verzichten zu können, sind allenfalls kleine Brotportionen aus Vollkorn- oder Sauerteig in Bio-Qualität ratsam.
Auch die fertigen Müsli-Mischungen sind nicht gut für Sie. Enthalten Sie doch unzulässig hohe Zuckermengen und unerwünschte Getreidesorten. Besser ist es, Sie freunden sich mit meinen erprobten Rezepten für Porridges an, die Sie auch auf Vorrat kochen können. Oder Sie machen Ihr Müsli selbst – ohne Getreide. Das geht ganz einfach mit den verschiedenen Pseudogetreiden wie Amarant oder Quinoa und jeder Menge Nüsse. Damit haben Sie kohlenhydratärmere Varianten, die Sie zudem mit reichlich Proteinen, ungesättigten Fettsäuren und Vitaminen versorgen.
Wer lieber herzhaft frühstückt, wird die Eiergerichte genießen. Eier sind in der PCOS-Ernährung ausdrücklich erwünscht, da sie die Vitamine A, D, E und B6 enthalten sowie alle wichtigen Mineralstoffe. Wenn Sie Ihr Hauptaugenmerk auf entzündungshemmende Ernährung legen, sollten Sie allerdings Ihren Eierkonsum auf einmal pro Woche beschränken.

Quinoa-Porridge mit Kakao

Für 1 Portion • Pro Portion: 482 kcal, 14 g E, 30 g F, 38 g KH

35 g rohe Quinoa (100 g vorgekocht)
100 ml Wasser
10 g Bitterschokolade (75 % Kakaoanteil)
50 ml cremige Kokosmilch
1 TL schwach entöltes Kakaopulver
1 EL Leinsamen
1 TL Honig
1 Prise Salz
15 g ungeschälte Mandeln
100 g Heidelbeeren

1. Quinoa in ein Sieb geben und mit heißem Wasser abbrausen. Mit dem Wasser in einen kleinen Topf füllen, aufkochen und anschließend 15 Minuten quellen lassen. (Oder vorgekochte Quinoa in einen Topf füllen.)
2. Schokolade grob hacken und mit Kokosmilch, Kakaopulver, Leinsamen, Honig und Salz verrühren. Bei kleiner Hitze 3 Minuten erwärmen.
3. In der Zwischenzeit die Mandeln in Stifte schneiden. Die Heidelbeeren waschen, verlesen und gut abtropfen lassen.
4. Porridge in eine kleine Schüssel füllen und mit Mandeln und Heidelbeeren bestreuen.

Info: Schwach entöltes Kakaopulver ist eine der besten Magnesiumquellen. Magnesium wirkt entzündungshemmend und entspannend. Es ist gut fürs Herz und reguliert den Blutdruck. Über 500 wertvolle Stoffe stecken in den Bohnen – ohne den üblicherweise zugesetzten Zucker ist Kakao ein echtes Superfood.

Quinoa-Porridge mit Banane und Nüssen

Für 1 Portion • Pro Portion: 421 kcal, 11 g E, 20 g F, 48 g KH

1 Vanilleschote
35 g bunte rohe Quinoa (100 g vorgekocht)
150 ml ungesüßter Mandeldrink
50 g Heidelbeeren
1 Banane
30 g Walnusskerne
1 EL Chia-Samen, nach Belieben

1. Die Vanilleschote längs halbieren und das Mark mit einem Messer vorsichtig herauskratzen.
2. Quinoa in ein Sieb füllen und heiß abbrausen. Vanillemark und -schote, Quinoa und Mandeldrink in einem kleinen Topf zum Kochen bringen. Anschließend Quinoa 15 Minuten zugedeckt auf kleiner Flamme quellen lassen, bis ein Großteil der Flüssigkeit aufgesogen ist. (Vorgekochte Quinoa mit Vanillemark und so viel Mandeldrink vermischen, dass ein Brei entsteht.)
3. Die Heidelbeeren behutsam waschen, verlesen und gut abtropfen lassen. Die Banane schälen und in Scheiben schneiden.
4. Die Walnüsse grob hacken und in einer beschichteten Pfanne ohne Fett anrösten.
5. Den Porridge in eine Schüssel füllen, die Vanilleschote entfernen, und Nüsse, Heidelbeeren und Banane obenauf geben. Nach Belieben mit Chia-Samen bestreut genießen.

Tipp: Der Porridge schmeckt auch kalt. Sie können 2–3 Portionen auf Vorrat zubereiten, denn er hält sich zugedeckt einige Tage im Kühlschrank. Das Früchte-Topping können Sie nach Geschmack und Saison variieren.

Info: Das Superfood Chia-Samen enthält hochwertige Proteine und wertvolle Omega-3-Fettsäuren. Die unscheinbaren dunklen oder hellen Kügelchen galten schon bei den Maya als Heilmittel. Die Samen dieser Salbei-Pflanze weisen außerdem viel Kalzium, Eisen, Zink, Magnesium und Selen auf. In Flüssigkeit quellen sie zu einer Art Gelee auf und sind so auch eine gesunde Alternative zu Gelierzucker beim Einkochen von Marmeladen. Die Samen passen auch gut über einen Salat, in Pudding oder Nuss-Müsli.
Trinken Sie unbedingt viel Wasser dazu, dann quellen die Samen im Magen-Darm-Trakt auf und machen lange satt.

Amarant-Porridge mit Apfel

Für 1 Portion • Pro Portion: 449 kcal, 7 g E, 18 g F, 62 g KH

40 g roher Amarant (100 g vorgekocht)
150 ml ungesüßter Mandeldrink
1 Prise Salz
1 Msp. gemahlener Zimt
½ TL gemahlene Kurkuma
1 Apfel
1 EL Kokosöl
getrocknete Cranberrys

1. Amarant in ein Sieb füllen, heiß abbrausen und gut abtropfen lassen.
2. Zusammen mit dem Mandeldrink, Salz, Zimt und Kurkuma in einen kleinen Topf geben und zum Kochen bringen. Anschließend 20 Minuten auf kleiner Flamme zugedeckt quellen lassen, bis nahezu alle Flüssigkeit aufgesogen ist. (Vorgekochten Amarant mit den Gewürzen und so viel Mandeldrink vermischen, dass ein Brei entsteht.)
3. In der Zwischenzeit den Apfel schälen, das Kerngehäuse entfernen und das Fruchtfleisch in mundgerechte Stücke schneiden. Kokosöl in einer kleinen beschichteten Pfanne schmelzen und die Apfelstücke darin andünsten.
4. Den Porridge in eine Schüssel geben, die Apfelstücke unterheben und mit Cranberrys bestreut genießen.

Tipp 1: Zur Abwechslung können Sie auch mit gemahlenem Kardamom oder der abgeriebenen Schale einer Bio-Zitrone würzen.

Tipp 2: So wie Popcorn und Puffreis werden auch Amarant, Quinoa oder Buchweizen »gepufft« angeboten. Die knackigen Kügelchen, die Sie auch selbst zubereiten können (siehe Seite 43), eignen sich gut zum Bestreuen.

Buchweizen-Porridge mit Heidelbeeren

Für 1 Portion • Pro Portion: 357 kcal, 11 g E, 13 g F, 47 g KH

25 g getrocknete Soft-Aprikosen
40 g roher Buchweizen (100 g vorgekocht)
20 g gehackte Mandeln oder Haselnüsse
150 ml ungesüßter Mandel- oder Kokosdrink
1 Prise Salz
Heidelbeeren

1. Die Aprikosen in feine Streifen schneiden oder klein würfeln.
2. Buchweizen in ein Sieb füllen, heiß abbrausen und mit den Mandeln, den Aprikosen, dem Mandeldrink und dem Salz in einen kleinen Topf geben und zum Kochen bringen. Anschließend den Topf vom Herd nehmen und Buchweizen 10 Minuten zugedeckt quellen lassen. (Vorgekochten Buchweizen mit so viel Mandeldrink verrühren, dass ein Brei entsteht, und die übrigen Zutaten untermischen.)
3. In der Zwischenzeit die Heidelbeeren waschen, verlesen und gut abtropfen lassen.
4. Den Porridge in eine Schüssel füllen und mit Heidelbeeren bestreut genießen.

Info: Alle Beeren gehören zu den Top Ten einer gesunden Ernährung. Sie enthalten Ellagsäure (Gerbstoffe), die Schadstoffe aus der Umwelt und aus der Lebensmittelverarbeitung neutralisiert. Zudem sind sie sehr mineralstoffreich und punkten mit jeder Menge Pflanzenfarbstoffen. Die Anthocyane, die in blauen und roten Früchten vorkommen, schützen Gelenke, Augen, Haut und Nieren.

Warmer Hirsebrei mit Nüssen und Schokolade

Für 2 Portionen • Pro Portion: 445 kcal, 11 g E, 25 g F, 43 g KH

75 g rohe Goldhirse (250 g vorgekocht)
½ Vanilleschote
250 ml Kokos- oder Mandeldrink
40 g Bitterschokolade (75 % Kakaoanteil)
40 g ganze, ungeschälte Haselnüsse
75 g Obst nach Belieben, z. B. Kirschen
50 g Joghurt (3,5 % Fett)
1–2 EL Holunderblütensirup

1. Die Hirse in ein Sieb füllen und heiß abbrausen. Die Vanilleschote längs aufschlitzen und das Mark herauskratzen. Beides mit dem Kokosdrink in einen kleinen Topf geben, aufkochen und 10 Minuten bei kleiner Hitze köcheln lassen. Topf vom Herd nehmen und Hirse weitere 10 Minuten quellen lassen. (Die vorgekochte Hirse erwärmen Sie lediglich über etwas Dampf.)
2. In der Zwischenzeit die Bitterschokolade mit einem scharfen Messer in Flocken schneiden. Die Haselnüsse grob hacken. Das Obst waschen, je nach Sorte entsprechend, vorbereiten und in mundgerechte Stücke schneiden.
3. Die Vanilleschote aus dem Topf entfernen, Joghurt unter den Hirsebrei heben und das Ganze mit Sirup abschmecken. Zum Servieren mit Schokolade, Nüssen und Obst bestreuen.

Tipp: Wenn Sie nur eine Portion benötigen, bewahren Sie die zweite zugedeckt im Kühlschrank auf und geben das Obst erst vor dem Servieren darauf.

Orangen mit Hirse und Chicorée

Für 2 Portionen • Pro Portion: 297 kcal, 10g E, 11g F, 39g KH

50g rohe Goldhirse (ca. 175g vorgekocht)
150ml Wasser
1 Zimtstange
2 Gewürznelken
3 Orangen
4 Blätter roter Chicorée
25g Pistazien oder Pinienkerne
1 EL Honig
150g Joghurt (3,5% Fett)
1 Prise Salz

1. Die Hirse in ein Sieb füllen und heiß abbrausen. Mit Wasser, Zimtstange und Gewürznelken in einen kleinen Topf geben, aufkochen und 8 Minuten auf kleiner Flamme köcheln lassen. Anschließend Topf vom Herd nehmen und Hirse quellen und ausdampfen lassen. (Wenn Sie vorgekochte Hirse verwenden, können Sie diese über Dampf erwärmen und mit etwas gemahlenem Zimt würzen.)
2. In der Zwischenzeit 1 Orange auspressen. Die beiden anderen Orangen schälen und dabei viel von der weißen Haut entfernen. Dann Früchte in Spalten teilen. (Geübte können mit einem scharfen Messer die Orangenfilets aus den Trennhäutchen lösen.)
3. Die Chicoréeblätter waschen, trocken schütteln und in Streifen schneiden.
4. Die Pistazien in einer beschichteten Pfanne ohne Fett leicht anrösten.
5. Zimt und Gewürznelken aus der Hirse entfernen. Honig, Orangensaft und Chicorée unter die Hirse rühren.
6. Joghurt mit dem Salz verrühren. Orangenspalten unter die Hirse heben, die Pistazien und den gesalzenen Joghurt obenauf verteilen.

Tipp: Wenn Sie nur eine Portion benötigen, bewahren Sie die zweite zugedeckt im Kühlschrank auf und geben die Orangenspalten und den Joghurt erst vor dem Servieren dazu.

Chia-Pudding mit Obst

Für 1 Portion • Pro Portion: 199 kcal, 8 g E, 11 g F, 16 g KH

200 ml ungesüßter Mandeldrink oder ein anderer pflanzlicher Drink
25 g schwarze oder helle Chia-Samen
1–2 TL Honig
200 g Obst oder Beeren nach Wahl

1. Mandeldrink in einem kleinen Topf bei milder Hitze erwärmen (nicht kochen!). In ein Schraubglas (250 ml) füllen und die Chia-Samen dazugeben. Glas verschließen, schütteln und 30 Minuten stehen lassen.
2. Das Glas dann nochmals schütteln und die Samen im Kühlschrank über Nacht quellen lassen.
3. Zum Servieren die gequollenen Samen in eine Schüssel geben und mit Honig süßen. Das verwendete Obst entsprechend waschen, putzen oder schälen und in mundgerechte Stücke schneiden. Dann auf dem Chia-Pudding verteilen.

Tipp: 1 EL Kakaopulver mit der Flüssigkeit verquirlen und erwärmen. Die schokoladige Note bringt Abwechslung und noch eine Portion Gesundheit zusätzlich. Gern können Sie Ihren Pudding auch mit Zimt, Vanille oder – orientalisch – mit Kardamom würzen.

Info: Chia-Samen sind eine tolle Eiweißquelle, sie enthalten Ballaststoffe und die wichtigen Omega-3-Fettsäuren. Richtig gut schmecken sie, wenn sie genügend Zeit hatten zu quellen – am besten über Nacht im Kühlschrank, mindestens aber 2 Stunden. Sie können gut gleich mehrere Portionen zubereiten. Dazu geben Sie die jeweils benötigte Menge mit Flüssigkeit in einzelne Schraubgläser oder füllen alles in ein größeres verschließbares Gefäß, aus dem Sie die gewünschte Menge für Ihr Frühstück entnehmen. Gut verschlossen hält sich der Pudding 4–5 Tage. Zum Frühstück – oder vielleicht auch mal als Snack zum Mitnehmen oder als Dessert – nehmen Sie eine Portion und fügen weitere Zutaten wie Obst, Nüsse, Zimt oder Vanille hinzu.

Müsli für alle Tage

Für ca. 50 Portionen • Pro Portion: 75 g KH, 2 g E, 2 g F, 12 g KH

250 g Honig
500 g glutenfreie Flocken, z. B. Hirse- oder Kastanienflocken
150 g ungeschälte, ganze Mandeln
100 g Rosinen

1. Den Backofen auf 150 °C Ober-/Unterhitze (Umluft 130 °C) vorheizen. Den Honig in eine beschichtete Pfanne mit hohem Rand geben und bei mittlerer Hitze schmelzen. Dann Pfanne vom Herd nehmen.
2. Die Flocken, Mandeln und Rosinen dazugeben und alles sorgfältig vermischen.
3. Ein Backblech mit Backpapier auslegen und die Masse darauf verstreichen. Müsli etwa 30 Minuten im Ofen knusprig rösten, dabei öfter durchmischen.
4. Müsli vollständig auskühlen lassen und in sauberen Schraubgläsern aufbewahren.

Tipp: Eine leckere Variante bekommen Sie, wenn Sie etwa die Hälfte des Honigs durch 100 g Zartbitterschokolade (75% Kakaoanteil) und 1 EL schwach entölten Kakao ersetzen.

Quinoa-Müsli

Für ca. 25 Portionen • Pro Portion: 98 kcal, 3 g E, 6 g F, 8 g KH

100 g helle rohe Quinoa (ca. 300 g vorgekocht)
220 ml Wasser
50 g geschrotete Leinsamen
50 g Kürbiskerne
100 g ungeschälte, ganze Mandeln
40 g Sesamsaat
30 g Sesam- oder Leinöl
1 TL Vanille-Extrakt
1 TL gemahlener Zimt
200 g Trockenfrüchte nach Belieben

1. Quinoa in ein feines Sieb füllen und heiß abbrausen. Mit dem Wasser in einen mittelgroßen Topf geben (die übrigen Zutaten sollen nachher auch darin Platz haben) und aufkochen lassen. Dann die Hitze reduzieren und Quinoa 15 Minuten auf kleiner Flamme quellen lassen. (Oder vorgekochte Quinoa in einen Topf geben.)
2. Den Backofen auf 170 °C Ober-/Unterhitze (Umluft 150 °C) vorheizen.
3. Die übrigen Zutaten (außer den Trockenfrüchten) zur Quinoa in den Topf geben und gut vermischen.
4. Ein Backblech mit Backpapier auslegen und die Masse darauf verstreichen. 40–50 Minuten im Ofen backen, bis die Masse trocken und knusprig ist.
5. In der Zwischenzeit größere Trockenfrüchte in Würfel schneiden. Das Müsli abkühlen lassen, mit den Trockenfrüchten vermischen und in ein sauberes Schraubglas füllen.

Schokoladenreis mit Orangen und Nüssen

Für 2 Portionen • Pro Portion: 448 kcal, 10g E, 23g F, 46g KH

90g Naturreis (ca. 200g vorgekocht)
200ml Wasser
1 Prise Salz
2 Bio-Orangen
30g Walnusskerne
50g Bitterschokolade (75% Kakaoanteil)
1 Prise gemahlener Zimt
1 TL schwach entöltes Kakaopulver
50g gemahlene Mandeln

1. Den Reis mit dem Wasser und dem Salz in einen Topf geben und aufkochen. Hitze reduzieren und Reis zugedeckt bei milder Hitze quellen lassen, bis alle Flüssigkeit aufgesogen ist. (Vorgekochten Reis nach Belieben über Dampf erwärmen.)
2. Orange waschen, halbieren und in der Mitte 2 Scheiben abschneiden. Diese halbieren. Restliche Orangen auspressen – es werden ca. 100ml Saft benötigt. Die Walnusskerne hacken.
3. Schokolade in einem kleinen Gefäß bei milder Hitze schmelzen, Orangenscheiben mit einem Pinsel zur Hälfte dünn damit bestreichen und beiseitelegen.
4. Orangensaft, Zimt und Kakaopulver mit der restlichen geschmolzenen Schokolade verrühren. Walnüsse, gemahlene Mandeln und Reis dazugeben, alles gut verrühren und mit den schokolierten Orangenscheiben garnieren.

Tipp: Wenn Sie nur eine Portion benötigen, bewahren Sie die zweite zugedeckt im Kühlschrank auf und geben die Orangenscheiben erst vor dem Servieren darauf.

Avocadocreme mit Bananen

Für 2 Portionen • Pro Portion: 241 kcal, 6 g E, 12 g F, 26 g KH

½ Zitrone
1 kleine Avocado
2 kleine Bananen
500 ml ungesüßter Mandeldrink
½ TL gemahlene Kurkuma
1 Prise schwarzer Pfeffer
20 g Sonnenblumenkerne

1. Die halbe Zitrone auspressen. Die Avocado längs halbieren, den Kern entfernen und das Fruchtfleisch mit einem Löffel aus der Schale heben. Etwa 2 EL Avocado in kleine Würfel schneiden, mit etwas Zitronensaft beträufeln und zum Garnieren beiseitestellen.
2. Die Bananen schälen und klein schneiden.
3. Restliche Avocado und die Bananen mit Mandeldrink, Kurkuma und Pfeffer im Mixer oder mit dem Pürierstab zu einer feinen Creme pürieren.
4. Creme mit Zitronensaft und Pfeffer abschmecken, auf zwei Gläser (zum Aufbewahren oder Mitnehmen) oder Schüsseln zum sofortigen Verzehr verteilen und mit den Avocadowürfeln und Sonnenblumenkernen bestreuen.

Tipp: Dieses Frühstücksgericht ist zum Löffeln gedacht. Wenn Sie lieber einen Smoothie zum Trinken haben möchten, verdünnen Sie das Ganze einfach mit mehr Mandeldrink.

Bananen-Dattel-Creme

Für 2 Portionen • Pro Portion: 349 kcal, 6 g E, 18 g F, 39 g KH

50 g entkernte Softdatteln
50 g Walnusskerne oder Haselnüsse
300 ml ungesüßter Mandeldrink
2 Bananen

1. Die Datteln und die Nüsse grob hacken. Mit dem Mandeldrink in ein hohes Gefäß geben und mit dem Pürierstab pürieren. (Alternativ Mixer oder Smoothiemaker verwenden.)
2. Die Bananen schälen und mit einer Gabel zerdrücken, mit der Dattelcreme begießen und vermischen.

Tipp 1: Die Creme können Sie zusätzlich noch mit Müsli (z. B. Quinoa-Müsli von Seite 60) oder mit frischen Beeren bestreuen.

Tipp 2: Wenn Sie nur eine Portion benötigen, bewahren Sie die zweite in einem gut verschließbaren Glas im Kühlschrank auf.

Info: Datteln – getrocknet oder frisch – sind bis unter die Haut mit Mineralstoffen und Vitaminen gefüllt. Im Orient gilt das »Brot der Wüste« als wichtige Nahrungsquelle. Studien zeigen, dass Sie schon mit nur drei Datteln am Tag von den gesundheitlichen Wohltaten der kleinen Früchte profitieren. Der relativ hohe Zuckergehalt hat nur geringe Auswirkungen auf den Insulinstoffwechsel – Datteln bewirken daher keine Gewichtszunahme und bremsen eher den Appetit auf Süßigkeiten und Schokolade.
Frische Datteln gibt es etwa von September bis Januar. Die Früchte sollten eine pralle Oberfläche haben und schnell verzehrt werden. Getrocknete Datteln können bis zu einem Jahr aufbewahrt werden. Achten Sie darauf, ungeschwefelte und nach Möglichkeit biologisch angebaute Früchte zu kaufen.

Ananas-Mango-Bowl

Für 2 Portionen • Pro Portion: 321 kcal, 4 g E, 20 g F, 31 g KH

300 g geschälte Ananas (ca. ½ Frucht)
½ Mango
30 g Kokosflocken
100 ml cremige Kokosmilch
1 TL gemahlene Kurkuma
1 Prise schwarzer Pfeffer
150 ml ungesüßter Kokos- oder Mandeldrink
1 Stängel frische Minze nach Belieben

1. Ananas grob zerschneiden. Die Mango schälen und von einer Hälfte das Fruchtfleisch vom harten Kern schneiden. (Die nicht verwendete Mango hält sich in Frischhaltefolie verpackt 1–2 Tage im Kühlschrank.) Einige Ananas- und Mangostücke zum Garnieren beiseitelegen.
2. Obst mit Kokosflocken, Kokosmilch, Kurkuma und Pfeffer in ein hohes Gefäß füllen und mit dem Pürierstab zu einem dicklichen Brei pürieren. (Alternativ können Sie auch mit Mixer oder Smoothiemaker arbeiten.)
3. Mus mit Kokosdrink verrühren und mit dem restlichen Obst und – nach Belieben – mit Minzeblättern bestreuen.

Tipp: Wenn Sie nur eine Portion benötigen, bewahren Sie die zweite in einem gut verschließbaren Glas im Kühlschrank auf und geben Obst und Minze erst vor dem Servieren darauf.

Info: Ananas kann Ihren Stoffwechsel beim Entgiften optimal unterstützen und dadurch Entzündungen bekämpfen. Die Tropenfrucht weist besonders viele Mineralstoffe auf: Kalzium, Kalium, Magnesium, Mangan, Eisen und Zink. Außerdem enthalten: Vanillin und Tryptophan – beides Stoffe, die glücklich machen. Sie beeinflussen den Serotoninspiegel, sorgen für gute Laune und Ausgeglichenheit.

Spinat-Bowl mit Banane

Für 2 Portionen • Pro Portion: 289 kcal, 6 g E, 17 g F, 26 g KH

20 g Chia-Samen
300 ml ungesüßter Mandeldrink
2 Bananen
50 g junger Spinat
1 EL Leinöl
Salz, Pfeffer
2 EL Kokosraspel
2 EL ungesüßtes Nussmüsli (aus dem Bioladen oder Müslirezept von Seite 60)
Rosinen oder Cranberrys, nach Belieben

1. Chia-Samen in einer Schüssel mit 100 ml Mandeldrink mischen und 10–15 Minuten oder länger quellen lassen.
2. Die Bananen schälen und grob zerschneiden. Den Spinat waschen, verlesen und gut abtropfen lassen.
3. Bananen, Spinat und Leinöl mit dem restlichen Mandeldrink in ein hohes Glas füllen und mit dem Pürierstab cremig pürieren. Mit etwas Salz und Pfeffer pikant abschmecken und die Chia-Samen-Mischung unterrühren.
4. Auf zwei Schüsseln oder tiefe Teller verteilen und mit Kokosraspeln, Nussmüsli und – nach Belieben – einigen Rosinen oder Cranberrys bestreut servieren.

Tipp: Wenn Sie nur eine Portion benötigen, bewahren Sie die zweite zugedeckt im Kühlschrank auf und geben das Topping erst vor dem Servieren darauf.

Avocado-Bowl mit Spinat

Für 2 Portionen • Pro Portion: 481 kcal, 14 g E, 37 g F, 22 g KH

40 g Walnusskerne
1 Banane
1 Avocado
50 g junger Spinat
½ Zitrone
300 ml Buttermilch
1 EL Walnussöl oder Leinöl
20 g Chia-Samen

1. Die Walnusskerne hacken und in einer beschichteten Pfanne ohne Fett goldgelb rösten. Zum Abkühlen auf einen Teller geben und beiseitestellen.
2. Die Banane schälen und in Scheiben schneiden. Die Avocado halbieren, den Kern entfernen und das Fruchtfleisch aus der Schale lösen. Den Spinat waschen, verlesen und gut abtropfen lassen. Die Zitronenhälfte auspressen.
3. Buttermilch, Avocado, Spinat, Walnussöl, Zitronensaft und Bananenstücke in ein hohes Gefäß füllen und mit dem Pürierstab fein pürieren. (Sie können auch den Smoothiemaker verwenden.)
4. Mit Walnüssen und Chia-Samen vor dem Verzehr bestreuen.

Tipp: Wenn Sie nur eine Portion benötigen, können Sie die zweite gut verschlossen für kurze Zeit im Kühlschrank aufbewahren. Avocados werden an der Luft schnell bräunlich, können aber trotzdem noch verzehrt werden.

Info: Lassen Sie sich nicht abschrecken vom hohen Fettgehalt der Avocado – 85 Prozent ihrer Kalorien stammen aus Fett. Es sind aber äußerst gesunde Fette, die das »böse« LDL-Cholesterin senken und das »gute« HDL-Cholesterin erhöhen. Die enthaltene Oleinsäure bringt den Stoffwechsel in Schwung und fördert die Bildung von Antioxidantien. Mit Selen, Betacarotin und Lutein liefern Avocados auch viele entzündungshemmende Stoffe.

Eier-Muffins

Für 2 Portionen • Pro Portion: 373 kcal, 22 g E, 27 g F, 11 g KH

250 g Fleischtomaten
20 g magerer Rohschinken (z. B. von der Pute)
100 g Quark (20 % Fett)
1 EL Olivenöl + etwas für die Form
4 Eier, Größe M
25 g gemahlene Mandeln
Salz, Pfeffer
gemahlener Kreuzkümmel
1 EL Schnittlauch in Röllchen

1. Den Backofen auf 200 °C Ober-/Unterhitze (180 °C Umluft) vorheizen.
2. Die Tomaten waschen, vierteln und Stielansätze und Kerne entfernen. Das Fruchtfleisch in Würfel schneiden. Den Schinken in schmale Streifen schneiden.
3. Quark, Olivenöl, Eier und Mandeln in einer Schüssel gut verrühren. Mit Salz, Pfeffer und Kreuzkümmel würzen.
4. Sechs Muffin- oder Gratinförmchen mit Öl dünn einfetten und jeweils ⅔ mit der Eiermasse füllen. Tomatenwürfel und Schinkenstreifen in die Masse drücken und Muffins im vorgeheizten Backofen 20 Minuten backen, bis an der Oberfläche eine goldgelbe Kruste entstanden ist.
5. Muffins behutsam – am besten mit einem Löffel – aus den Formen heben und mit Schnittlauch bestreut servieren.

Tipp: Die Muffins schmecken auch kalt gut und eignen sich zum Mitnehmen für einen Lunch im Büro.

Omelette mit Zucchini und Pilzen

Für 1 Portion • Pro Portion: 354 kcal, 22 g E, 27 g F, 7 g KH

2 Eier, Größe M
Salz, Pfeffer
½ TL gemahlene Kurkuma
50 ml Mineralwasser
125 g Zucchini
100 g braune Champignons oder Shiitake- oder Austernpilze
1 EL Rapsöl
15 g Ziegen-Frischkäse
2 Stängel Dill oder Petersilie

1. Die Eier in einer kleinen Schüssel mit Salz, Pfeffer, Kurkuma und Mineralwasser verquirlen.
2. Zucchini waschen, putzen und in 5 mm dicke Scheiben schneiden. Die Champignons mit Küchenpapier säubern und – je nach Größe – vierteln oder in Scheiben schneiden.
3. Das Öl in einer kleinen beschichteten Pfanne erhitzen und die Zucchini darin leicht anbraten. Die Champignons dazugeben und etwa 1 Minute anbraten.
4. Die Eimasse darübergießen und den Ziegenkäse in Flocken darauf verteilen. Omelett zugedeckt bei milder Hitze 2–3 Minuten stocken lassen.
5. Währenddessen den Dill oder die Petersilie waschen, mit Küchenpapier trocken tupfen und hacken.
6. Omelett auf einen Teller gleiten lassen und mit dem gehackten Dill oder der Petersilie bestreuen.

Omelette mit Brokkoli

Für 1 Portion • Pro Portion: 412 kcal, 26 g E, 28 g F, 14 g KH

150 g Brokkoli
Salz
500 ml Wasser
100 g Rispentomaten
2 Stängel glatte Petersilie
2 Eier, Größe M
50 g Quark oder Frischkäse (20 % Fett)
50 ml Milch
2 EL Mineralwasser mit Kohlensäure
Pfeffer
1 Prise geriebene Muskatnuss
15 g Kokosöl

1. Brokkoli putzen, waschen und in Röschen teilen. Die Stängel – wenn nötig – dünn abschälen und in Scheiben schneiden. Salzwasser in einem Topf zum Kochen bringen und die Stängel darin 5 Minuten garen, dann die Röschen dazugeben und alles weitere 5 Minuten bei mittlerer Hitze weich kochen. Danach durch ein Sieb abgießen.
2. In der Zwischenzeit die Tomaten waschen, gut abtropfen lassen und in Spalten schneiden. Die Petersilie waschen, mit Küchenpapier trocken tupfen, die Blätter von den Stängeln zupfen und hacken.
3. Eier, Quark, Milch, Mineralwasser, Salz, Pfeffer und Muskatnuss in eine Schüssel geben und mit dem Schneebesen verquirlen.
4. Kokosöl in einer beschichteten Pfanne bei milder Hitze schmelzen, die Eimasse hineingießen und Brokkoli und Tomaten obenauf geben. Omelett 6–8 Minuten bei kleiner Flamme stocken lassen, auf einen (am besten vorgewärmten Teller) gleiten lassen und mit Petersilie bestreut servieren.

Tipp: Sie können Ihre Eierspeise wie gewohnt in einer beschichteten Pfanne stocken lassen oder in die gefetteten Vertiefungen einer Muffinform oder in Muffinförmchen füllen und im vorgeheizten Backofen bei 180 °C Ober-/Unterhitze (160 °C Umluft) in 15–20 Minuten goldgelb backen.

Salat

Radieschen-Gurken-Salat mit Dill

Für 2 Portionen • Pro Portion: 205 kcal, 4 g E, 17 g F, 8 g KH

1 EL Sesamsaat
200 g Radieschen
1 Salatgurke
3 Stängel frischer Dill
2 EL Zitronensaft
Salz, Pfeffer
2 EL Leinöl

1. Die Sesamsaat in einer beschichteten Pfanne ohne Fett rösten und abkühlen lassen. Anschließend in einem Mörser zerstoßen.
2. Die Radieschen waschen, putzen und in Scheiben schneiden. Die Gurke heiß waschen, längs halbieren und ebenfalls in Scheiben schneiden.
3. Den Dill waschen, mit Küchenpapier trocken tupfen und die Blätter von den Stängeln zupfen. Nach Belieben hacken oder ganz lassen.
4. Aus Zitronensaft, Salz, Pfeffer und Leinöl mit dem Schneebesen in einer Salatschüssel ein Dressing anrühren. Alle vorbereiteten Zutaten dazugeben, gut vermischen und Salat kurz durchziehen lassen.

Tipp: Wenn Sie nur eine Portion benötigen, bewahren Sie die zweite zugedeckt im Kühlschrank auf. Aber nicht zu lange, denn Gurke und Radieschen verlieren nach einem Tag ihre Knackigkeit.

Rettichsalat mit Möhren und Leinsamen

Für 2 Portionen • Pro Portion: 260 kcal, 6 g E, 17 g F, 18 g KH

400 g weißer oder schwarzer Rettich
200 g Möhren
1 Limette
1 EL Honig
2 EL Leinöl
Salz, Pfeffer
2 EL Leinsamen

1. Rettich und Möhren putzen, mit einem Sparschäler dünn abschälen und auf einer Reibe grob raspeln. Beides in einer Schüssel miteinander vermischen.
2. Die Limette auspressen und den Saft in einer zweiten Schüssel mit Honig, Leinöl, Salz und Pfeffer mithilfe eines Schneebesens zu einem cremigen Dressing aufschlagen.
3. Dressing mit dem Gemüse vermischen und den Salat 5 Minuten durchziehen lassen. Auf zwei Teller verteilen und mit Leinsamen bestreut servieren. Wenn Sie nur eine Portion gleich essen, können Sie die zweite zugedeckt im Kühlschrank aufbewahren.

Info: Gesund und scharf – das ist auf die Senföle im Rettich zurückzuführen. Damit diese auch voll wirksam werden, sollten Sie Rettich nur roh essen. (Bei Magenleiden ist allerdings Vorsicht geboten!) Für alle, die abnehmen wollen, ideal: Rettich hat nur 14 kcal/100 g und regt den Stoffwechsel an!
Die enthaltenen Vitamine C und B sowie reichlich Kalium helfen, den Zucker- und Fettstoffwechsel zu regulieren.

Mexikanischer Quinoa-Salat mit Avocado und Bohnen

Für 4 Portionen • Pro Portion: 366 kcal, 11 g E, 19 g F, 38 g KH

150 g helle rohe Quinoa (ca. 450 g vorgekocht)
380 ml Wasser oder Gemüsebrühe
1 Knoblauchzehe
1 rote Zwiebel
1 Zitrone
2 mittelgroße reife Avocados
1 Dose Kidneybohnen (200 g Einwaage)
1 kleine Dose Mais (140 g Einwaage)
1 EL Avocado- oder Olivenöl
½ TL gemahlener Kreuzkümmel
Salz, Pfeffer
3 Stängel Koriander oder Petersilie

1. Quinoa in ein Sieb füllen, heiß abbrausen und abtropfen lassen. Mit dem Wasser oder der Gemüsebrühe) in einen Topf geben und aufkochen lassen. Die Hitze reduzieren und die Quinoa bei geringer Hitze 15 Minuten quellen lassen. (Vorgekochte Quinoa später ohne weitere Zubereitung verwenden.)
2. In der Zwischenzeit den Knoblauch schälen und durchpressen. Die Zwiebel abziehen und grob hacken. Die Zitrone auspressen. Die Avocados halbieren, Kerne entfernen, das Fruchtfleisch aus der Schale heben und in etwa 1 cm große Würfel schneiden. Mit Knoblauch und Zwiebel in eine Schüssel geben und sofort mit 1 EL Zitronensaft beträufeln.
3. Kidneybohnen und Mais in ein Sieb abgießen, mit Wasser abspülen und abtropfen lassen. Dann in die Schüssel geben.

4. Aus Avocadoöl, restlichem Zitronensaft, Kreuzkümmel, Salz und Pfeffer ein Dressing anrühren.
5. Koriander oder Petersilie waschen, mit Küchenpapier trocken tupfen und die Blätter von den Stängeln zupfen.
6. Quinoa in die Schüssel dazugeben und alle Zutaten vermischen. Das Dressing unterheben und den Salat 15 Minuten (oder länger) durchziehen lassen. Mit dem Koriander oder der Petersilie bestreut servieren.

Tipp: Andere Zutaten wie Radieschen, Nüsse oder Staudensellerie machen sich ebenfalls gut im Quinoa-Salat. Der Salat schmeckt auch Gästen gut, deshalb habe ich ihn gleich für vier Portionen berechnet. Das hat außerdem den Vorteil, dass Sie keine angebrochenen Dosen Kidneybohnen oder Mais herumstehen haben. Sie können den Salat auch kurze Zeit (wegen der Avocado) im Kühlschrank zum Mitnehmen aufbewahren.

Rucolasalat mit Avocado und Mango

Für 2 Portionen • Pro Portion: 466 kcal, 6 g E, 44 g F, 11 g KH

40 g Walnusskerne
100 g Rucola
1 Avocado
½ Mango
25 ml weißer Balsamessig
Salz, Pfeffer
50 ml Leinöl

1. Die Walnusskerne nach Belieben in einer beschichteten Pfanne ohne Fett leicht rösten und beiseitestellen.
2. Rucola waschen, verlesen, gut abtropfen lassen oder trocken schleudern.
3. Avocado längs halbieren, den Kern entfernen, das Fruchtfleisch mit einem Löffel aus der Schale heben und in Spalten schneiden.
4. Die Mango schälen und das Fruchtfleisch einer Hälfte in Spalten vom harten Kern schneiden. (Den Rest der Mango in Frischhaltefolie gewickelt im Kühlschrank aufbewahren und rasch verbrauchen.)
5. In einer größeren Schüssel Essig, Salz und Pfeffer mit einem Schneebesen verrühren und nach und nach unter Rühren das Öl dazugießen, sodass ein cremiges Dressing entsteht. Die vorbereiteten Zutaten unterheben und den Salat mit Walnüssen bestreuen. Wenn Sie nur eine Portion benötigen, bewahren Sie die zweite für den nächsten Tag zugedeckt im Kühlschrank auf.

Info: Leinöl enthält besonders viel Alpha-Linolensäure und ist damit ein hervorragender Lieferant von Omega-3-Fettsäuren. Noch dazu kommen im Leinöl die Omega-3- und die Omega-6-Fettsäuren im richtigen Verhältnis vor. 1 EL pro Tag hilft schon dabei, Entzündungen zu lindern.

Auch wenn es genauso viel Kalorien hat wie andere Öle, unterstützt Leinöl das Abnehmen. Mit dem hohen Anteil an Omega-3-Fettsäuren kurbelt es mehr als andere Öle die Fettverbrennung an. Mehr als 3 EL pro Tag sollten es allerdings nicht werden.

Da Leinöl schnell ranzig wird, sollten Sie es nicht zu lange aufbewahren. Sie können es für alle Salatrezepte verwenden, es passt ebenso wunderbar zu Pellkartoffeln (auch die sind entzündungshemmend), oder träufeln Sie es auf Suppen.

Spinatsalat mit Roter Bete und Avocadodressing

Für 2 Portionen • Pro Portion: 404 kcal, 16 g E, 24 g F, 28 g KH

75 g junger Spinat
200 g Brokkoli
100 g Rote Bete, vorgekocht
30 g Kürbiskerne oder andere Kerne, z. B. Sonnenblumenkerne
30 g getrocknete Cranberrys
1 reife Avocado
1 Knoblauchzehe
½ Zitrone
150 g Bio-Joghurt (3,5 % Fett)
50 ml Mandeldrink
Salz, Cayennepfeffer
1–2 TL scharfer Senf, nach Belieben

1. Den Spinat waschen, verlesen und gut abtropfen lassen oder in einer Salatschleuder trocken schleudern. Vom Brokkoli kleine Köpfchen abschneiden, waschen und in mundgerechte Stücke schneiden. (Die Stiele anderweitig, zum Beispiel für einen Smoothie, verwenden.) Die Rote Bete würfeln.
2. Die vorbereiteten Zutaten in einer Salatschüssel vermischen und mit Kürbiskernen und Cranberrys bestreuen. (Wenn Sie wollen, können Sie die Kürbiskerne zuvor in einer beschichteten Pfanne ohne Fett rösten, das verstärkt ihr Aroma.)
3. Für das Dressing die Avocado halbieren, den Kern entfernen und das Fruchtfleisch mit einem Löffel herausheben. Die Knoblauchzehe schälen und durch eine Presse drücken. Die Zitrone auspressen.

4. Avocado, Knoblauch, Zitronensaft, Joghurt und Mandeldrink in eine hohe Schüssel geben und mit dem Pürierstab cremig pürieren. (Alternativ Smoothiemaker oder Mixer verwenden.)
5. Dressing mit Salz, Cayennepfeffer und, nach Belieben, scharfem Senf abschmecken. Eventuell noch mit etwas Mandeldrink verdünnen. Gleich zum vorbereiteten Salat servieren.

Tipp: Wenn Sie nur eine Portion benötigen, können Sie für den nächsten Tag Salat und Dressing getrennt im Kühlschrank aufbewahren. Das Dressing in ein gut verschließbares Glas geben, damit die Avocado nicht braun wird.

Brokkoli-Salat mit Apfel

Für 2 Portionen • Pro Portion: 322 kcal, 11 g E, 18 g F, 28 g KH

300 g Brokkoli
Salz
1 l Wasser
1 säuerlicher Apfel
1 EL Zitronensaft
25 g Walnusskerne
150 ml Bio-Joghurt (3,5 % Fett)
1 EL Lein- oder Arganöl
Salz, Pfeffer
25 g getrocknete Cranberrys oder Rosinen

1. Den Brokkoli putzen, waschen, die Röschen in mundgerechten Stücken abschneiden. Den Stiel schälen und klein würfeln.
2. Salzwasser in einem Topf zum Kochen bringen. Die Brokkoli-Würfel hineingeben und 5 Minuten blanchieren. Die Röschen dazugeben und weitere 5 Minuten bei kleiner Hitze bissfest garen. Anschließend durch ein Sieb abgießen und abtropfen lassen.
3. In der Zwischenzeit den Apfel waschen, vierteln und das Kerngehäuse entfernen. Apfelviertel in mundgerechte Stücke schneiden und mit Zitronensaft beträufeln.
4. Walnusskerne, Joghurt, Öl, Salz und Pfeffer in einer Salatschüssel verrühren. Brokkoli und Apfel dazugeben und vermischen. Salat kurz durchziehen lassen und mit den Cranberrys oder Rosinen bestreut servieren. Wer nur eine Portion benötigt, kann die zweite zugedeckt im Kühlschrank für den nächsten Tag oder zum Mitnehmen aufbewahren.

Info: Arganöl ist wie Leinöl ein Magier in Sachen Gesundheit. Der Vitamin-E-Gehalt ist beachtlich, der Preis allerdings auch. Denn die Herstellung aus den Früchten des marokkanischen Arganbaumes ist sehr aufwendig. Allerdings genügen schon kleine Mengen, um Speisen zu verfeinern. Daher ist es auch in 100-ml-Fläschchen erhältlich

Orangensalat mit Fenchel und Radieschen

Für 2 Portionen • Pro Portion: 202 kcal, 4 g E, 16 g F, 11 g KH

2 Orangen
1 Fenchel
50 g Radieschen
2 EL Apfelessig
Salz, Pfeffer
2 EL Walnussöl
½ Kästchen Gartenkresse

1. Die Orangen so schälen, dass auch die weiße Haut entfernt ist. Frucht in Scheiben schneiden und diese auf zwei Tellern verteilen. (Oder, wenn Sie nur eine Portion gleich essen, eine Hälfte in Frischhaltefolie gewickelt beiseitelegen.)
2. Den Fenchel waschen, putzen und das Fenchelgrün beiseitelegen. Die äußeren Blätter entfernen oder schälen. Fenchel in Blätter teilen und diese in Streifen schneiden. Die Radieschen waschen und putzen. In Scheiben oder Spalten schneiden. Beides auf den Orangen verteilen (oder jeweils die Hälfte davon zugedeckt im Kühlschrank aufbewahren).
3. In einer kleinen Schüssel aus Apfelessig, Salz, Pfeffer und Walnussöl mit dem Schneebesen ein cremiges Dressing rühren und auf dem Salat verteilen. Salat zugedeckt mindestens 30 Minuten durchziehen lassen.
4. Vor dem Servieren die Kresse waschen, trocken schütteln und die Blättchen vom Flies schneiden. Das Fenchelgrün von den Stängeln zupfen und den Salat mit Kresse und Fenchelgrün bestreut genießen.

Avocado-Orangen-Salat mit Mango

Für 1 Portion • Pro Portion: 295 kcal, 3 g E, 24 g F, 14 g KH

50 g Mischsalat, z. B. Rucola, Spinat, Radicchio
1 Orange
½ Avocado
70 g Mango (ca. ¼ Frucht)
1 Limette
2 EL Walnuss- oder Avocadoöl
Salz, Pfeffer

1. Den Salat waschen, gut trocken schleudern und auf einem flachen Teller ausbreiten.
2. Die Orange schälen und dabei möglichst viel von der weißen Haut entfernen. Frucht in Scheiben schneiden und diese auf dem Salat verteilen.
3. Die Avocado halbieren und bei der Hälfte ohne Kern das Fruchtfleisch mit einem Löffel aus der Schale lösen und in Spalten schneiden. Den benötigten Teil der Mango schälen und das Fruchtfleisch mit einem scharfen Messer in Spalten vom Kern schneiden. Beides auf den Salat geben.
4. Die Limette auspressen und den Saft mithilfe eines Schneebesens in einer kleinen Schüssel mit Nussöl, Salz und Pfeffer cremig rühren. Den Salat damit beträufeln und 15 Minuten durchziehen lassen.

Tipp: Das Gelingen des Salats ist sehr stark von der Qualität der verwendeten Zutaten abhängig. Avocado und Mango sollten wirklich reif und aromatisch sein.

Info: Wie bereits gesagt, keine Sorge wegen des hohen Fettgehalts – Avocado und ihr Öl sowie auch Walnussöl beinhalten so viele wichtige Stoffe, die beim PCO-Syndrom zur Linderung beitragen, davon können Sie gar nicht genug zu sich nehmen. Auch wenn Sie abnehmen müssen, behindern das all die guten Öle, die ich für meine Rezepte vorschlage, nicht.

Grünkohl mit Orangen und Senfdressing

Für 2 Portionen • Pro Portion: 295 kcal, 9g E, 21g F, 16g KH

2 Knoblauchzehen
½ Zitrone
2 EL Sesamöl
2 EL scharfer Bio-Senf
Salz, Pfeffer
150g Grünkohl
100g Rosenkohl
1 Orange
½ Granatapfel
10g Walnusskerne

1. Knoblauchzehen schälen und durch eine Presse in eine Schüssel drücken. Zitrone auspressen, den Saft zum Knoblauch geben und mit dem Öl, Senf, Salz und Pfeffer mithilfe eines Schneebesen zu einem cremigen Dressing rühren.
2. Den Grünkohl gründlich waschen und die Blätter in mundgerechten Stücken von der harten Mittelrippe zupfen. Rosenkohl waschen, putzen und klein hacken. Beides zum Dressing geben und vermischen.
3. Die Orange so schälen, dass auch die weiße Haut entfernt wird. Die Filets aus den Trennhäutchen lösen. Die Kerne aus dem Granatapfel lösen. (Alternativ gibt es fertig ausgelöste Kerne aus dem Kühlregal zu kaufen.)
4. Die Walnüsse grob hacken und – nach Belieben – in einer beschichteten Pfanne ohne Fett rösten.
5. Den Salat auf zwei Teller verteilen, die Orangenspalten obenauf legen und mit Granatapfelkernen und Walnüssen bestreuen.

Tipp: Wenn Sie nur eine Portion benötigen, bewahren Sie die zweite zugedeckt im Kühlschrank auf und geben die Walnüsse und Orangenfilets erst vor dem Servieren darauf. Der Grünkohl wird im sauren Dressing weicher und milder.

Info: »Kale«, wie Grünkohl in Amerika heißt, wird wegen seiner super entgiftenden Wirkung gern als Rohkost angeboten. Der Geschmack ist allerdings gewöhnungsbedürftig. Mit scharfem Senf, fruchtigen Zutaten und dem Bewusstsein, sich etwas Gutes zu tun, werden Sie ihn lieben lernen.

Linsensalat mit Radicchio und Schafskäse

Für 4 Portionen • Pro Portion: 498 kcal, 27 g E, 35 g F, 24 g KH

2 Schalotten
3 EL Olivenöl
200 g rohe Tellerlinsen (ca. 600 g vorgekocht)
800 ml Wasser oder Gemüsebrühe
35 ml Apfelessig
Salz, Pfeffer
2 Stauden Radicchio (ca. 250 g)
2 Stängel frische Minze
50 g Walnusskerne
250 g Schafskäse

1. Die Schalotten abziehen, fein hacken und mit 1 EL Olivenöl in einem beschichteten Topf andünsten.
2. Die Linsen in ein Sieb füllen, abbrausen und mit dem Wasser zu den Schalotten geben. Wasser zum Kochen bringen und Linsen in 30–35 Minuten bissfest kochen. Anschließend durch ein Sieb abgießen.
3. In der Zwischenzeit in einer Salatschüssel Essig, Salz, Pfeffer und das restliche Olivenöl mit dem Schneebesen zu einem cremigen Dressing aufschlagen.
4. Den Radicchio putzen, waschen und grob hacken. Radicchio und Linsen mit dem Dressing vermischen.
5. Die Minze waschen und mit Küchenpapier trocken tupfen. Die Blätter von den Stängeln zupfen und in Streifen schneiden.
6. Die Walnüsse hacken und nach Belieben in einer beschichteten Pfanne ohne Fett goldgelb rösten. Den Schafskäse in Würfel schneiden.
7. Den Linsensalat mit Salz und Pfeffer abschmecken und Minze, Walnüsse und Schafskäse locker unterheben. Salat 15 Minuten durchziehen lassen und lauwarm oder abgekühlt genießen.

Tipp: Dieses Rezept ergibt vier Portionen, denn Sie können den Salat gut für Gäste vorbereiten, 1-2 Tage im Kühlschrank aufbewahren oder als Lunch mitnehmen.

Info: Tellerlinsen sind die bekanntesten und preiswertesten unter den zahlreichen Linsensorten. Einen feineren Geschmack und festeren Biss haben die schwarzen Belugalinsen (Kaviarlinsen) oder die grünen Puy-Linsen aus Frankreich. Rote und gelbe Linsen, die wegen ihrer kurzen Kochzeit als Beilagen beliebt sind, eignen sich weniger für Salate, da sie schnell musig werden. Allen Linsen gemeinsam ist, dass sie zur Eiweißversorgung beitragen und reichlich B-Vitamine enthalten.

Reissalat mit Räucherlachs

Für 1 Portion • Pro Portion: 478 kcal, 14 g E, 25 g F, 48 g KH

45 g Naturreis (ca. 100 g vorgekocht)
100 ml Wasser
1 Prise Salz
1 Zitrone
1 EL Nuss- oder Avocadoöl
Salz, Pfeffer
100 g Radieschen
100 g Möhren
1 kleine Stange Lauch (nur das Weiße, ca. 75 g)
1 Stängel frischer Koriander oder glatte Petersilie
60 g geräucherter Lachs
1 EL Sesamsaat

1. Den Reis in ein Sieb geben und mit heißem Wasser abbrausen. Dann mit Wasser und Salz in einen Topf geben, aufkochen lassen und anschließend bei milder Hitze zugedeckt 25 Minuten quellen lassen, bis an der Oberfläche kleine Vertiefungen zu sehen sind. Anschließend mit einer Gabel auflockern und offen ausdampfen lassen.
2. Die Zitrone auspressen und 2 EL Saft beiseitestellen. Den restlichen Saft mithilfe eines Schneebesens in einer Schüssel mit Öl, Salz und Pfeffer zu einem cremigen Dressing verrühren. Den gekochten Reis mit dem Dressing vermischen und ziehen lassen.
3. In der Zwischenzeit die Radieschen waschen, putzen und in ca. 5 mm große Würfel schneiden. Die Möhren schälen, putzen und in feine Streifen schneiden.
4. Den Lauch längs halbieren, auffächern und gründlich waschen. In Streifen schneiden. Koriander waschen, mit Küchenpapier trocken tupfen und die Blätter vom Stängel zupfen.

5. Radieschen, Möhren und Lauch unter den Reis heben und den Lachs obenauf setzen. Salat mit dem restlichen Zitronensaft beträufeln und mit Sesam und Koriander bestreuen.

Amarant-Salat mit Avocado

Für 2 Portionen • Pro Portion: 432 kcal, 8 g E, 30 g F, 32 g KH

80 g roher Amarant (ca. 200 g vorgekocht)
200 ml Wasser
1 Zitrone
2 EL Avocadoöl
Salz, Pfeffer
2 Lauchzwiebeln
1 reife Avocado
2 Stängel glatte Petersilie

1. Amarant in ein Sieb füllen und gründlich heiß abbrausen. Das entfernt einen Teil der Bitterstoffe. Zusammen mit dem Wasser in einen hohen Topf geben und aufkochen. Dann die Hitze reduzieren und den Amarant zugedeckt 20 Minuten sanft köcheln lassen. Anschließend bei abgeschaltetem Herd weitere 15 Minuten offen ausdampfen lassen. (Vorgekochten Amarant ohne weitere Zubereitung verwenden.)
2. Zitrone auspressen (es werden ca. 50 ml Saft benötigt) und mithilfe eines Schneebesens in einer Schüssel mit Öl, Salz und Pfeffer zu einem cremigen Dressing rühren. Mit dem gekochten Amarant vermischen und Salat 15 Minuten ziehen lassen.
3. In der Zwischenzeit die Lauchzwiebeln putzen, waschen und mit viel Grün in feine Ringe schneiden. Die Avocado längs halbieren, den Kern entfernen, das Fruchtfleisch mit einem Löffel aus der Schale heben und würfeln.
4. Die Petersilie waschen, mit Küchenpapier trocken tupfen und die Blätter von den Stängeln zupfen. Nach Belieben hacken oder ganz lassen.
5. Lauchzwiebeln und Avocado unter den Amarant heben und den Salat mit Petersilie bestreuen. Wenn Sie nur eine Portion benötigen, können Sie die zweite kurze Zeit zugedeckt im Kühlschrank aufbewahren.

Rotkohl-Salat mit Pinienkernen

Für 2 Portionen • Pro Portion: 357 kcal, 6 g E, 29 g F, 16 k KH

½ Salatgurke (ca. 250 g)
Salz
50 g Pinienkerne
100 g Möhren
200 g Rotkohl
100 g Cherry-Tomaten
2 EL Apfelessig
2 EL Leinöl
Pfeffer

1. Die Salatgurke waschen, putzen, längs halbieren, die Kerne mit einem Löffel herausschaben und das Fruchtfleisch in Scheiben schneiden. Gurkenscheiben in eine Schüssel geben, mit 1 TL Salz vermischen und ziehen lassen.
2. In der Zwischenzeit die Pinienkerne in einer beschichteten Pfanne ohne Fett goldgelb rösten.
3. Möhren schälen, putzen und grob raspeln. Den Rotkohl in Blätter teilen, waschen und die harten Mittelrippen entfernen. Blätter in Streifen schneiden. Die Tomaten waschen und vierteln. Möhren und Rotkohl in einer Salatschüssel vermischen.
4. Aus Essig, Öl, Salz und Pfeffer in einer kleinen Schüssel mithilfe eines Schneebesens ein cremiges Dressing rühren.
5. Die Gurken ausdrücken und zum übrigen Gemüse in die Schüssel geben. Das Dressing darübergießen und alles gut vermischen.
6. Den Salat auf zwei Teller verteilen, die Tomaten obenauf legen und die Pinienkerne darüberstreuen. Wenn Sie nur eine Portion gleich essen, können Sie die zweite zum Mitnehmen oder für den nächsten Tag zugedeckt im Kühlschrank aufbewahren.

Buchweizen-Salat mit gebratenem Rosenkohl

Für 4 Portionen • Pro Portion: 472 kcal, 11 g E, 28 g F, 43 g KH

4 Lauchzwiebeln
1 Knoblauchzehe
2 EL Rapsöl
150 g roher Buchweizen (ca. 400 g vorgekocht)
300 ml Wasser oder Gemüsebrühe
300 g Rosenkohl
3 Stängel glatte Petersilie
80 g Walnusskerne
30 ml weißer Balsamessig
2 EL Walnussöl
Salz, Pfeffer
50 g getrocknete Cranberrys

1. Die Lauchzwiebeln putzen, waschen und mit viel Grün in feine Ringe schneiden. Den Knoblauch schälen und durch eine Knoblauchpresse drücken. Beides mit 1 EL Rapsöl in einen beschichteten hohen Topf geben und glasig dünsten.
2. Den Buchweizen in ein Sieb geben und mit heißem Wasser abbrausen. Mit Wasser oder Brühe in den Topf geben, aufkochen lassen und anschließend bei milder Hitze in 10–15 Minuten weich kochen. Eventuell etwas Flüssigkeit nachgießen. (Vorgekochten Buchweizen ohne weitere Zubereitung verwenden.)
3. In der Zwischenzeit den Rosenkohl putzen, dabei die äußeren Blätter entfernen, und waschen. Größere Exemplare halbieren. Im restlichen Rapsöl in einer beschichteten Pfanne unter Rühren goldgelb anbraten.
4. Die Petersilie waschen und mit Küchenpapier trocken tupfen. Die Blätter von den Stängeln zupfen und hacken.

5. Die Walnüsse hacken und nach Belieben in einer beschichteten Pfanne ohne Fett goldgelb rösten.
6. In einer Salatschüssel aus Essig, Walnussöl, Salz und Pfeffer mit dem Schneebesen ein cremiges Dressing rühren. Petersilie, Walnüsse und Rosenkohl dazugeben und mit dem Dressing vermischen.
7. Den Buchweizen unterheben. Salat mit Salz und Pfeffer abschmecken und 15 Minuten durchziehen lassen. Mit Cranberrys bestreut, lauwarm oder kalt servieren.

Tipp: Dieses Rezept ergibt vier Portionen. Sie können den Salat für Gäste vorbereiten, er passt gut auf ein Brunch-Buffet. Sie können ihn auch 2-3 Tage im Kühlschrank aufbewahren oder mitnehmen.

Info: Keine Sorge wegen der vielen Kohlenhydrate, denn die kommen vom Buchweizen, der voller Vitalstoffe steckt. Besonders erwähnenswert davon ist Mangan, das für die Herstellung von Sexualhormonen wichtig ist, und Inositol, welches den Blutzuckerspiegel reguliert.

Rotkohl-Salat mit Möhren

Für 4 Portionen • Pro Portion: 178 kcal, 3g E, 12g F, 15g KH

1 Orange
25g Rosinen
500g Rotkohl
200g Möhren
4 Stängel glatte Petersilie
3 EL Walnuss- oder Avocadoöl
2 EL Apfelessig
½ TL gemahlener Zimt
Salz, Pfeffer

1. Die Orange auspressen. Den Saft in eine Schüssel geben und die Rosinen darin 15–20 Minuten einweichen.
2. Den Rotkohl in Blätter teilen, waschen und die harten Mittelrippen entfernen. Blätter in Streifen schneiden. Die Möhren schälen, putzen und grob raspeln. Die Petersilie waschen, mit Küchenpapier trocken tupfen und die Blätter von den Stängeln zupfen.
3. Alle vorbereiteten Zutaten in einer großen Schüssel vermischen.
4. Aus Öl, Essig, Zimt, Salz und Pfeffer in einer zweiten Schüssel mithilfe eines Schneebesens ein cremiges Dressing rühren und untermischen. Salat wenn möglich 1 Stunde ziehen lassen und dann nochmals mit Salz und Pfeffer abschmecken.

Tipp: Dieses Rezept habe ich gleich für vier Portionen berechnet, da 500 g Rotkohl wirklich der kleinstmögliche Kohlkopf ist, der am Markt gehandelt wird. Sie können den Salat aber gut ein paar Tage im Kühlschrank aufbewahren, außerdem lässt er sich wunderbar als Mittagsimbiss mitnehmen. Wenn der Kohlkopf doch größer ist, können Sie den Rest für den Rotkohl-Salat mit Pinienkernen von Seite 91 verwenden.

Info: Die Farbe des Rotkohls oder Blaukrauts hängt vom pH-Wert des Bodens ab, auf dem er wächst. Auf basischen Böden wird er eher blau, auf sauren Böden rot. Röter oder eher blau werden kann er auch je nach Zubereitung: Säuren wie Essig oder Apfel färben rot, Zutaten wie Natron oder Zucker verändern ins Bläuliche. Das mag interessant sein, hat aber nichts damit zu tun, wie gesund der Rotkohl ist. Magnesium, Kalium und Selen sind in erster Linie dafür verantwortlich. Dann noch sein hoher Gehalt an sekundären Pflanzenstoffen, die entzündungshemmend wirken und das Immunsystem stärken.

Suppen

Gurkensuppe mit Mandeldrink und Shrimps

Für 2 Portionen • Pro Portion: 155 kcal, 9g E, 10g F, 7g KH

2 Schalotten
1 Salatgurke (ca. 500 g)
1 EL Kokosöl
400 ml ungesüßter Mandeldrink
Salz, Pfeffer
100 g gekochte und geschälte Shrimps

1. Die Schalotten abziehen und klein würfeln. Die Salatgurke putzen, schälen, längs halbieren und die Kerne mit einem Löffel herausschaben. Das Fruchtfleisch grob zerschneiden.
2. Kokosöl in einem kleinen Topf schmelzen und die Schalotten darin anschwitzen. Gurken und Mandeldrink dazugeben und Gurke in 15 Minuten bei milder Hitze weich kochen.
3. Suppe mit einem Pürierstab nach Belieben fein oder gröber pürieren und mit Salz und Pfeffer abschmecken.
4. Die Shrimps in ein Sieb geben, abbrausen, abtropfen lassen und 3 Minuten in der Suppe erwärmen.

Tipp: Wenn Sie nur eine Portion benötigen, können Sie die restliche Suppe hervorragend mitnehmen und auch kalt essen. Nach Belieben können Sie noch ½ Avocado mit einer Gabel zerdrücken und dazugeben.

Wurzelgemüse-Suppe

Für 4 Portionen • Pro Portion: 108 kcal, 2 g E, 4 g F, 16 g KH

200 g frische Rote Bete
200 g Möhren
200 g Pastinaken
1 Stück frischer Ingwer (etwa haselnussgroß)
2 Knoblauchzehen
750 ml Gemüsebrühe
2 Stängel Petersilie
Salz, Pfeffer

1. Rote Bete schälen (am besten mit Einmalhandschuhen, sonst bleiben Ihre Finger noch stundenlang rot) und in etwa 1 cm große Würfel schneiden. Möhren und Pastinaken schälen, putzen, waschen und ebenfalls würfeln. Den Ingwer und den Knoblauch schälen und fein hacken.
2. Das vorbereitete Gemüse mit der Brühe in einen großen Topf geben. Brühe aufkochen lassen und Gemüse dann bei milder Hitze 20 Minuten köcheln lassen, bis es weich ist.
3. In der Zwischenzeit die Petersilie waschen, mit Küchenpapier trocken tupfen, die Blättchen von den Stielen zupfen und hacken.
4. Das Gemüse in Würfeln lassen oder kurz mit dem Pürierstab zerkleinern. Suppe mit Salz und Pfeffer abschmecken und mit Petersilie bestreuten. Sie können – wenn Sie nur eine Portion gleich essen – die Suppe 2-3 Tage im Kühlschrank aufbewahren.

Tipp 1: Wer gern schärfer isst: 1 EL Meerrettich (aus dem Glas) oder ½–1 TL Wasabi heizen ordentlich ein. Wenn es dann doch zu scharf geworden ist, hilft ein wenig eingerührte Mandel-Cuisine.

Tipp 2: Zu den winterlichen Wurzelgemüsen gehören auch noch schwarzer, roter oder weißer Rettich, Rüben, Steckrüben, Meerrettich und natürlich Petersilienwurzeln. Von all dem können Sie gar nicht genug essen. Sie sind alle gut gegen Entzündungen und machen zudem rundherum satt.

Grünkohlsuppe mit Mandeln

Für 4 Portionen • Pro Portion: 261 kcal, 8g E, 19g F, 14g KH

400g frischer Grünkohl oder 350g TK-Grünkohl
1 große Zwiebel
150g mehligkochende Kartoffeln
2 EL Rapsöl
800ml Gemüsebrühe
50g Mandelblättchen
1 Orange
1–2 EL scharfer Bio-Senf
Salz, Pfeffer

1. Tiefgekühlten Grünkohl auftauen lassen. Frischen Grünkohl in Blätter teilen, unter fließendem Wasser gründlich waschen (in den krausen Blättern ist oft noch Sand versteckt), die harten Mittelachsen herausschneiden und die Blätter grob zerschneiden.
2. Die Zwiebel abziehen und würfeln. Die Kartoffeln schälen, waschen und ebenfalls in Würfel schneiden.
3. Das Öl in einem geräumigen Topf erhitzen und die Zwiebeln darin goldgelb dünsten. Kartoffeln, frischen Grünkohl und Brühe dazugeben, aufkochen lassen und Gemüse dann in 20–25 Minuten bei mittlerer Hitze weich kochen. Aufgetauten Grünkohl erst 5 Minuten vor Ende der Kartoffel-Kochzeit dazugeben und erhitzen.
4. In der Zwischenzeit die Mandelblättchen in einer beschichteten Pfanne ohne Fett goldgelb rösten. Die Orange auspressen.
5. Orangensaft zur Suppe geben und diese mit einem Pürierstab fein pürieren. Mit Senf, Salz und Pfeffer abschmecken.

Tipp 1: Grünkohl ist recht herb im Geschmack und nicht jedermanns Sache. Der Orangensaft mildert das schon etwas ab. Wenn Sie den Geschmack noch weiter abrunden wollen: 100 ml Sahne, Mandel-Cuisine oder 50 g Frischkäse unterrühren.

Tipp 2: Dieses Rezept ergibt vier Portionen, denn Sie können das Gericht gut einfrieren oder aufgewärmt essen. Im Kühlschrank hält sich die Suppe 2-3 Tage. Grünkohl können Sie gar nicht oft genug zu sich nehmen, er ist einer der Super-Entzündungshemmer. Wenn Sie statt der Mandeln klein geschnittene Paranüsse rösten und darüberstreuen, erhöhen Sie die Wirkung noch.

Paprika-Möhren-Creme

Für 4 Portionen • Pro Portion: 191 kcal, 3g E, 13g F, 16g KH

1 große Zwiebel
400g rote Paprikaschoten
300g Möhren
1 Orange (am besten Blutorange)
1 EL Rapsöl
1 TL Paprikapulver, edelsüß oder rosenscharf
800ml Gemüsebrühe
Salz, Pfeffer
4 EL Schnittlauch in Röllchen
4 TL Lein- oder Nussöl

1. Die Zwiebel abziehen und klein würfeln. Die Paprikaschoten waschen und putzen. Einige Ringe zum Garnieren herausschneiden und beiseitelegen. Restliches Fruchtfleisch grob würfeln. Die Möhren schälen, putzen und in Scheiben schneiden. Die Orange auspressen.
2. Rapsöl in einem beschichteten Topf erhitzen und die Zwiebelwürfel darin goldgelb andünsten. Paprikawürfel und Möhren dazugeben und unter Rühren leicht anschwitzen.
3. Paprikapulver einrühren und mit Brühe aufgießen. Suppe aufkochen lassen und Gemüse anschließend in 20 Minuten bei mittlerer Hitze weich köcheln lassen.
4. Suppe mit dem Pürierstab fein pürieren. Den Orangensaft dazugeben und mit Salz und Pfeffer abschmecken.
5. Vor dem Essen Paprikaringe auf die Suppe geben. Dann mit Schnittlauch bestreuen und mit Leinöl beträufeln.

Tipp: Die Cremesuppe eignet sich sehr gut zum Mitnehmen oder zum portionsweisen Einfrieren. Sie können sie bei sommerlicher Hitze auch gut gekühlt servieren.

Spinat-Lauch-Suppe mit Ingwer

Für 2 Portionen • Po Portion: 251 kcal, 12g E, 18g F, 10g KH

1 Stück frischer Inger (etwa walnussgroß)
1 dicke Stange Lauch (ca. 250 g, vorbereitet gewogen)
150g frischer Spinat
1 EL Kokosöl
500ml Gemüsebrühe
125g Quark (20% Fett)
1 Eidotter, Größe M
1–2 EL Zitronensaft
Salz, Pfeffer

1. Den Ingwer schälen und in sehr kleine Würfel schneiden. Den Lauch putzen, längs aufschlitzen, auffächern und gründlich waschen. Dann in etwa 1 cm breite Streifen schneiden.
2. Den Spinat waschen, verlesen und gut abtropfen lassen.
3. Kokosöl in einem geräumigen Topf schmelzen und Ingwer und Lauch darin unter Rühren goldgelb braten. Die Brühe angießen und alles bei mittlerer Hitze 5 Minuten garen.
4. Den Spinat unterrühren und zugedeckt weitere 5 Minuten garen.
5. In der Zwischenzeit in einer Schüssel den Quark mit dem Eidotter, Zitronensaft und Salz und Pfeffer verrühren.
6. Den Topf von der Herdplatte nehmen und das Quarkgemisch unterrühren. Suppe nicht mehr kochen lassen. Mit Salz, Pfeffer und nach Belieben mehr Zitronensaft abschmecken. Wenn Sie nur eine Portion gleich essen, können Sie die Suppe 1-2 Tage im Kühlschrank aufbewahren und behutsam (wegen des Quarks) erhitzen.

Tipp: Das übrig gebliebene Eiweiß können Sie zugedeckt im Kühlschrank aufbewahren und beim nächsten Omelette verwenden.

Süsskartoffel-Suppe

Für 2 Portionen • Pro Portion: 299 kcal, 4 g E, 13 g F, 40 g KH

1 Zwiebel
1–2 Knoblauchzehen
1 EL Kokosöl
300 g Süßkartoffeln
1 TL gemahlene Kurkuma
500 ml Gemüsebrühe
100 ml ungesüßter Mandeldrink
1–2 EL Zitronensaft
Salz, Pfeffer
2 EL Schnittlauch in Röllchen
Paprika- oder Chilipulver, nach Belieben

1. Die Zwiebel abziehen und in Ringe schneiden, den Knoblauch schälen und hacken.
2. Kokosöl in einem großen Topf schmelzen und Zwiebel und Knoblauch darin goldgelb braten.
3. Die Süßkartoffeln schälen, waschen und in ca. 1 ½ cm große Würfel schneiden. In den Topf geben und unter Rühren 4–5 Minuten braten.
4. Kurkuma und Gemüsebrühe dazugeben und Süßkartoffeln in 15 Minuten auf mittlerer Stufe weich kochen.
5. Den Mandeldrink dazugießen und die Suppe mit einem Pürierstab cremig pürieren. Anschließend mit Zitronensaft, Salz und Pfeffer abschmecken. Mit Schnittlauch und – nach Belieben – Paprika- oder Chilipulver bestreut genießen.

Tipp 1: Als Topping kommen auch ungesalzene, geröstete Erdnüsse (mit Häutchen!) oder Kürbiskerne infrage. Das hilft zusätzlich, die Symptome bei PCO zu lindern. Denn das enthaltene Resveratrol reguliert den Hormonhaushalt.

Tipp 2: Wenn Sie nur eine Portion gleich essen, können Sie die zweite zugedeckt im Kühlschrank aufbewahren oder einfrieren. Wenn Ihnen die Suppe gut schmeckt, können Sie auch größere Mengen zum Einfrieren kochen.

Info: Wann immer Sie Kurkuma verwenden, sollten Sie großzügig mit frisch gemahlenem schwarzem Pfeffer würzen. Dieser verstärkt die entzündungshemmende Wirkung des gelben Gewürzes um ein Zehnfaches.

Spinat-Kürbis-Suppe mit Quinoa

Für 2 Portionen • Pro Portion: 233 kcal, 6g E, 13g F, 22g KH

1 Zwiebel
1 Knoblauchzehe
35g rohe helle Quinoa (ca. 100g vorgekocht)
300g Hokkaido-Kürbis
1 EL Rapsöl
500ml Gemüsebrühe
75g junger Spinat
1 Kästchen Kresse
Salz, Pfeffer
Zitronensaft

1. Die Zwiebel abziehen, längs halbieren und in feine Scheiben schneiden. Den Knoblauch schälen und durch eine Knoblauchpresse drücken. Die Quinoa in ein Sieb geben und heiß abbrausen. (Vorgekochte Quinoa später ohne weitere Zubereitung verwenden.)
2. Die Schale des Kürbis mit einem feuchten Tuch säubern. Die Kerne entfernen und das Fruchtfleisch mit Schale in etwa 1 ½ cm große Würfel schneiden.
3. Das Öl in einem Topf erhitzen und Zwiebel und Knoblauch darin goldgelb braten. Brühe angießen, rohe Quinoa dazugeben und 12 Minuten kochen. Dann die Kürbiswürfel unterrühren und in 7–8 Minuten bei milder Hitze bissfest kochen.
4. In der Zwischenzeit den Spinat waschen, verlesen und abtropfen lassen. Die Kresse waschen und die Pflänzchen mit einer Schere vom Flies schneiden.
5. Spinat in die Suppe geben und 3 Minuten garen. (Jetzt vorgekochte Quinoa dazugeben und 2 Minuten erhitzen.)
6. Suppe mit Salz, Pfeffer und Zitronensaft pikant abschmecken und mit Kresse bestreuen. Wenn Sie die zweite Portion nicht gleich benötigen, können Sie diese (ohne Kresse) gut im Kühlschrank aufbewahren oder einfrieren

Tipp 1: Wer mag, kann pro Portion 15 g geröstete Kürbiskerne über die Suppe streuen. Die Suppe schmeckt auch aufgewärmt sehr gut.

Tipp 2: Statt des Kürbisses können Sie auch Süßkartoffeln verwenden, einfach schälen, waschen, würfeln und wie den Kürbis weich kochen.

Kürbissuppe mit Salbei-Nuss-Pesto

Für 4 Portionen • Pro Portion: 331 kcal, 6 g E, 28 g F, 13 g KH

400 g Hokkaido-, Flaschen- oder Muskatkürbis, vorbereitet gewogen
200 g Möhren
1 große Zwiebel
1 Knoblauchzehe
1 EL Rapsöl
800 ml Gemüsebrühe
25 g Salbeiblätter
80 g Walnusskerne
2 EL Olivenöl
½ Bio-Zitrone
Salz, schwarzer Pfeffer
1 gestr. EL gemahlene Kurkuma
200 ml ungesüßter Mandel- oder Kokosdrink

1. Kürbis waschen bzw. schälen und entkernen. 400 g Kürbisfruchtfleisch in etwa 1 ½ cm große Würfel schneiden. Die Möhren schälen, putzen und in Scheiben schneiden. Die Zwiebel abziehen und würfeln, die Knoblauchzehe schälen und durch eine Knoblauchpresse drücken.
2. Rapsöl in einem geräumigen Topf erhitzen und Zwiebel und Knoblauch darin goldgelb braten. Kürbis und Möhren dazugeben, mit Brühe aufgießen, zum Köcheln bringen und Gemüse bei mittlerer Hitze in 15 Minuten weich garen.
3. In der Zwischenzeit für das Pesto die Salbeiblätter waschen und mit Küchenpapier trocken tupfen. Nach Belieben einige Blätter zum Garnieren beiseitelegen, den Rest grob hacken. Zusammen mit den Nüssen und dem Olivenöl im Mixer zu einer nicht allzu feinen Paste verarbeiten.

4. Die Zitrone waschen, 1 TL Schale abreiben und den Saft auspressen. Zitronenschale unter das Pesto rühren und dieses mit Salz und Pfeffer abschmecken.
5. Die Suppe fein pürieren, mit Zitronensaft, Salz und Pfeffer abschmecken. Kurkuma und Mandeldrink unterrühren und Suppe noch etwas erwärmen.
6. Zum Servieren die Suppe auf Teller verteilen, jeweils 1 EL Pesto einrühren und mit den übrigen Salbeiblättern garniert servieren.

Tipp: Das ist eine außergewöhnliche Suppe – auch für Gäste. Wenn Sie nur eine Portion davon gleich essen, können Sie die restliche Suppe und das Pesto getrennt gut verschlossen einige Tage im Kühlschrank aufbewahren oder sogar einfrieren.

Info: Die entzündungshemmenden Eigenschaften des echten Salbeis sind seit Jahrhunderten bekannt. Es werden ihm auch Effekte gegen Insulinresistenzen nachgesagt. Zur Unterstützung können Sie auch Tee aus getrockneten Salbeiblättern trinken – Sie bekommen ihn in Drogeriemärkten und Apotheken.

Brokkoli-Suppe mit Pinienkernen und Minze

Für 4 Portionen • Pro Portion: 208 kcal, 7 g E, 16 g F, 9 g KH

3 Schalotten
400 g Brokkoli
150 g Topinambur
1 EL Rapsöl
800 ml Gemüsebrühe oder Wasser
3 Stängel frische Minze
40 g Pinienkerne
100 ml Kokos- oder Mandel-Cuisine
Salz, Pfeffer
frisch geriebene Muskatnuss
etwas Zitronensaft

1. Die Schalotten abziehen und in Ringe schneiden. Brokkoli putzen und waschen. Die Röschen abschneiden, den Stängel evtl. schälen und grob zerschneiden. Die Topinamburen schälen (oder mit einer Bürste reinigen), waschen und zerschneiden.
2. Das Öl in einem beschichteten Topf erhitzen und die Schalottenringe darin goldgelb andünsten. Brokkolistiele, Topinambur und Brühe dazugeben, aufkochen lassen und bei milder Hitze 10 Minuten garen.

3. In der Zwischenzeit die Minze waschen, trocken schütteln und die Blätter von den Stängeln zupfen.
4. Die Pinienkerne in einer beschichteten Pfanne ohne Fett goldgelb rösten.
5. Die Brokkoliröschen in den Topf geben und alles weitere 10 Minuten bei milder Hitze köcheln lassen. Anschließend einen Teil der Röschen mit einem Schaumlöffel herausheben und zum Garnieren beiseitestellen.
6. Minze und Kokos- oder Mandel-Cuisine zur Suppe geben und diese mit dem Pürierstab pürieren. Mit Salz, Pfeffer, Muskatnuss und Zitronensaft abschmecken. Die übrigen Brokkoli-Röschen hineingeben und mit den Pinienkernen bestreuen.

Tipp: Wenn Sie für sich allein kochen, können Sie trotzdem vier Portionen zubereiten. Die Suppe kann – gut zugedeckt – 2-3 Tage im Kühlschrank aufbewahrt oder auch eingefroren werden. Nicht ganz so beladen mit gesunden Inhaltsstoffen wie Brokkoli ist Blumenkohl, mit dem die Suppe zur Abwechslung aber auch sehr lecker schmeckt.

Info: Bei Insulinresistenz sind Topinamburen eine wunderbare Alternative zu Kartoffeln, da sie zu 16 Prozent aus unverdaulichen Kohlenhydraten in Form von Inulin bestehen. Der Top-Gehalt an Eisen und Magnesium ist zudem die ideale Ergänzung bei Kinderwunsch und Entzündungen.
Die bizarr geformten Knollen, deren Farbe von Hellbraun bis Dunkelviolett reichen kann, werden im Winter hauptsächlich auf Wochenmärkten und in Bioläden verkauft.

Rote-Bete-Apfel-Suppe

Für 2 Portionen • Pro Portion: 345 kcal, 6g E, 17g F, 40g KH

500g Rote Bete
1 weiße Zwiebel
150g Staudensellerie
2 säuerliche Äpfel
1 EL Zitronensaft
1 EL Rapsöl
500ml Gemüsebrühe
Salz, Pfeffer
4 Stängel Thymian
2 TL Lein- oder Arganöl

1. Die Roten Beten in einen Topf geben, mit Wasser bedecken und – je nach Größe – in etwa 40–60 Minuten weich kochen. Durch ein Sieb abgießen und abkühlen lassen. Mit geschützten Händen schälen und in Würfel schneiden.
2. Die Zwiebel abziehen und würfeln. Staudensellerie waschen, wenn nötig dünn abschälen und in Streifen schneiden. Die Äpfel schälen, vierteln und die Kerngehäuse entfernen. Zwei Apfelviertel mit Zitrone beträufeln und zum Garnieren beiseitestellen. Die restlichen Äpfel würfeln.
3. Rapsöl in einem beschichteten Topf erhitzen und Zwiebel und Staudensellerie darin goldgelb anbraten. Die Apfelwürfel und die Roten Beten dazugeben, mit Brühe aufgießen und alles 10 Minuten köcheln lassen. Anschließend mit dem Pürierstab je nach Wunsch fein oder grob pürieren. Mit Salz und Pfeffer abschmecken.
4. Thymian waschen und mit Küchenpapier trocken tupfen. Die beiseitegelegten Apfelviertel in Streifen schneiden, mit dem Thymian auf die Suppe geben und diese mit Leinöl beträufeln. Wenn Sie nur eine Portion gleich essen, können Sie die zweite 1-2 Tage zugedeckt im Kühlschrank aufbewahren.

Tipp 1: Wenn Sie möchten, können Sie auch noch 15 g Blauschimmelkäse mit einer Gabel zerbröseln und auf die Suppe geben. Das gibt einen Aroma-Kick, bringt aber auch mehr Kalorien und ist natürlich nicht mehr vegan, sondern vegetarisch.

Tipp 2: Selbst gekochte Rote Bete schmeckt wesentlich aromatischer als die vorgekochten und vakuumierten Exemplare. Wenn Sie gern und öfter Rote Bete essen, kochen Sie gleich eine größere Menge. Die Beten halten sich im Kühlschrank auf jeden Fall fünf Tage. Zum Einfrieren sind sie weniger geeignet.

Lauchsuppe mit Cajun-Shrimps

Für 2 Portionen • Pro Portion: 212 kcal, 9 g E, 16 g F, 8 g KH

1 dicke Stange Lauch (ca. 300 g, geputzt gewogen)
1 kleine Zwiebel
1 EL Kokosöl
600 ml Gemüsebrühe
3 Stängel Dill
100 g gekochte und geschälte Tiefsee-Shrimps
½ TL Cajun-Gewürz
1 TL Olivenöl
Salz, Pfeffer
etwas Zitronensaft, nach Belieben

1. Den Lauch putzen, am oberen Ende längs aufschlitzen, auffächern und gründlich waschen. Dann Lauch in etwa 5 mm breite Streifen schneiden. Die Zwiebel abziehen, halbieren und in Scheiben schneiden.
2. Kokosöl in einem Topf erhitzen und die Zwiebel darin leicht andünsten. Den Lauch dazugeben und unter Rühren 3 Minuten braten.
3. Mit der Gemüsebrühe aufgießen, zum Köcheln bringen und Lauch in 15 Minuten bei mittlerer Hitze weich garen.
4. In der Zwischenzeit den Dill waschen, mit Küchenpapier trocken tupfen, die Blätter von den Stängeln zupfen und fein hacken.
5. Die Shrimps waschen, trocken tupfen, in eine Schüssel geben und mit dem Cajun-Gewürz vermischen.
6. Eine beschichtete Pfanne mit Olivenöl auspinseln, erhitzen und die Shrimps darin scharf anbraten. Dann beiseitestellen.
7. Die Lauchsuppe mit einem Pürierstab feiner oder gröber – je nach Belieben – pürieren. Den Dill unterrühren, mit Salz, Pfeffer und nach Belieben Zitronensaft pikant abschmecken und die Shrimps obenauf geben.

Tipp: Wenn Sie nur eine Portion gleich essen, können Sie zum Mitnehmen oder für den nächsten Tag die Suppe mit Shrimps zugedeckt im Kühlschrank aufbewahren.

Info: Cajun ist ein Gewürz, das in den amerikanischen Südstaaten beheimatet ist, mittlerweile aber auf dem ganzen Kontinent – besonders bei Grillfans als »Rub« – beliebt ist. Auch in Europa hat sich die vielfältige Einsatzmöglichkeit dieser Gewürzmischung herumgesprochen. Sie bekommen Cajun in gut sortierten Supermärkten und im Internet.

Tomaten-Paprika-Suppe

Für 4 Portionen • Pro Portion: 112 kcal, 3g E, 7g F, 9g KH

1 Bund Lauchzwiebeln
2 Knoblauchzehen
1 kleine rote Peperoni, nach Belieben
250 g rote Paprikaschoten
150 g grüne Paprikaschoten
100 g Zucchini
500 g reife Tomaten
1 EL Olivenöl
500 ml Gemüsebrühe
Salz, Pfeffer
1–2 EL Balsamessig
einige Basilikumblätter, nach Belieben

1. Lauchzwiebeln putzen, waschen und mit viel Grün in Ringe schneiden. Einige grüne Ringe zum Garnieren beiseitelegen. Knoblauchzehen schälen und in Scheiben schneiden. Peperoni waschen, putzen, längs halbieren, die Kerne entfernen und das Fruchtfleisch würfeln.
2. Paprikaschoten waschen, putzen und in Streifen schneiden. Einige Streifen klein würfeln und beiseitestellen. Zucchini waschen, putzen, in Würfel schneiden und einige davon beiseitelegen. Die Tomaten waschen, halbieren, und die Stielansätze herausschneiden.
3. Olivenöl in einem hohen Topf erhitzen und Zwiebeln, Knoblauch und Peperoni leicht anbraten.
4. Das vorbereitete Gemüse und die Brühe dazugeben, aufkochen lassen und etwa 20 Minuten auf kleiner Flamme köcheln lassen, bis das Gemüse sehr weich ist. Mit dem Pürierstab nicht allzu fein pürieren.
5. Die Suppe mit Salz, Pfeffer und Essig abschmecken und die beiseitegelegten Gemüsestücke in die Mitte geben. Nach Belieben mit Basilikumblättern garnieren.

Tipp: Im heißen Sommer können Sie die kalorienarme Suppe auch eisgekühlt essen. Dafür sollte sie nach dem Abkühlen mindestens drei Stunden – besser über Nacht – in den Kühlschrank.

Es lohnt sich auf jeden Fall, gleich vier Portionen zu kochen, denn die Suppe kann 2-3 Tage im Kühlschrank aufbewahrt oder auch eingefroren werden.

Spargelsuppe mit Kresse

Für 4 Portionen • Pro Portion: 147 kcal, 4g E, 12g F, 5g KH

2 Schalotten
500g weißer Spargel
1 Kästchen Gartenkresse
15g Kokosöl
750ml Gemüsebrühe
200ml Kokos-Cuisine
Salz, Pfeffer
1–2EL Zitronensaft

1. Die Schalotten abziehen und halbieren. Den Spargel schälen, die holzigen Enden abschneiden. Spargel grob in Stücke schneiden, dabei die Köpfchen abschneiden und beiseitelegen. Die Kresse waschen, gut abtropfen lassen und die Pflänzchen vom Flies schneiden.
2. Kokosöl in einem Topf schmelzen und die Schalotten darin goldgelb braten.
3. Brühe angießen, die Spargelstücke dazugeben und in 20 Minuten weich kochen.
4. Die Suppe mit dem Pürierstab fein pürieren, die Spargelköpfchen hineingeben und 5 Minuten bei milder Hitze bissfest garen.
5. Kokos-Cuisine in die Suppe rühren, erwärmen und Suppe mit Salz, Pfeffer und Zitronensaft abschmecken und mit Kresse bestreuen.

Tipp: Zur Spargelsaison bekommen Sie Spargelbruch mit Köpfchen preiswert auf dem Wochenmarkt. Es lohnt sich, dann größere Mengen Suppe vorzukochen und einzufrieren.

Info: Die Kästchen mit frischer Kresse sind das ganze Jahr über aus Gewächshäusern lieferbar. Ab dem Frühjahr jedoch gibt es auch Freiland-Kresse oder Kresse von Ihrer Fensterbank. Die winzigen Pflänzchen sind ganz groß bei der Vitamin-Erzeugung und können auf feuchtem Watteflies oder Küchenpapier keimen und wachsen. Das können Sie auch mit Rettich- oder Erbsensamen, Alfalfa und sogar Chia-Samen machen.

Tomaten-Reis-Suppe

Für 4 Portionen • Pro Portion: 187 kcal, 4 g E, 11 g F, 18 g KH

1 Zwiebel
45 g Naturreis (ca. 100 g vorgekocht)
2 EL Rapsöl
600 ml Gemüsebrühe
350 g Staudensellerie
800 g reife Fleischtomaten
1 TL getrockneter Oregano (nach Belieben auch Majoran oder Thymian)
½ Zitrone
Salz, Pfeffer

1. Die Zwiebel abziehen, längs halbieren und in feine Scheiben schneiden. Den Reis in ein Sieb geben und abbrausen. (Vorgekochten Reis erst später verwenden.)
2. Rapsöl in einem beschichteten Topf erhitzen und die Zwiebel darin unter Rühren andünsten. Reis und Gemüsebrühe dazugeben und 15 Minuten bei schwacher Hitze köcheln.
3. In der Zwischenzeit Staudensellerie waschen, putzen und in 5 mm dicke Scheiben schneiden. Die Tomaten waschen, halbieren und Kerne und Stielansätze entfernen. Das Fruchtfleisch von einer Tomate in schmale Spalten schneiden und beiseitelegen. Das restliche Tomaten-Fruchtfleisch würfeln.
4. Sellerie, Tomatenwürfel und Oregano in den Topf geben und 10 Minuten bei mittlerer Hitze köcheln lassen.
5. Tomatenspalten (und eventuell den vorgekochten Reis) dazugeben und 5 Minuten in der Suppe erhitzen. Die Zitrone auspressen.
6. Suppe mit Zitronensaft, Salz und Pfeffer pikant abschmecken und heiß servieren.

Tipp: Ich habe dieses Suppenrezept für vier Portionen geplant, denn die Suppe lässt sich wunderbar ein paar Tage im Kühlschrank aufheben oder einfrieren. Eine feinere Variante, zum Beispiel für Gäste, bekommen Sie, wenn Sie die Tomaten zuvor schälen. Einfach mit heißem Wasser überbrühen, kalt abschrecken und die Haut abziehen.

Hülsenfrüchte

Ja, Hülsenfrüchte enthalten Kohlenhydrate und werden daher bei besonders strengen Low-Carb- und anderen Diäten, bei denen maximal 50 g Kohlenhydrate pro Tag gegessen werden dürfen, abgelehnt. Aber keine Sorge: Hülsenfrüchte sind supergesund und zählen eindeutig zu den »guten« Kohlenhydraten. Sie senken den Blutzuckerspiegel, was sie für Menschen mit Insulinresistenz zu einem Muss macht. Außerdem enthalten sie viel Eiweiß – für Vegetarier und Veganer unverzichtbar.

Für Frauen mit Kinderwunsch ist auch der Gehalt an B-Vitaminen, Folsäure und Eisen interessant.

Da Linsen, Bohnen und Kichererbsen lang anhaltend sättigen, helfen sie auch beim Abnehmen. Gerade zu Mittag können Sie gern zu Linsen- oder Bohnengerichten greifen. Bereiten Sie gleich größere Portionen zu, denn die Gerichte schmecken aufgewärmt noch mal so gut.

Linsendal mit Spinat

Für 2 Portionen • Pro Portion: 480 kcal, 30 g E, 17 g F, 51 g KH

1 Zwiebel
15 g Kokosöl
je 1 TL mildes Currypulver und gemahlene Kurkuma
1 getrocknete Peperoni oder ½ TL Peperoncino-Gewürz
180 g gelbe Linsen
800 ml Gemüsebrühe
300 g frischer Spinat
Salz, schwarzer Pfeffer

1. Die Zwiebel abziehen und fein hacken. Kokosöl in einem Topf schmelzen und die Zwiebel darin goldgelb anbraten.
2. Curry, Kurkuma, Peperoni oder Peperoncino-Gewürz, Linsen und Brühe dazugeben. Aufkochen lassen und anschließend alles bei kleiner Hitze 25 Minuten köcheln lassen, bis die Flüssigkeit aufgesogen ist und die Linsen cremig weich sind.
3. In der Zwischenzeit den Spinat waschen, verlesen und zum Abtropfen in ein Sieb geben.
4. Den Spinat unter die Linsen rühren und weitere 5 Minuten garen, bis er weich ist, dann mit Salz und Pfeffer abschmecken.

Info: Dal (auch Daal oder Dhal) bezeichnet ein indisch/pakistanisches Hülsenfruchtgericht, bei dem die Linsen, Bohnen oder Kichererbsen sehr weich, fast breiartig zerkocht werden.

Riesenbohnen mit Sweet-sour-Tomatensauce

Für 2 Portionen • Pro Portion: 373 kcal, 22 g E, 10 g F, 48 g KH

2 Schalotten
1 Knoblauchzehe
1 Stück frischer Ingwer (etwa walnussgroß)
500 g sehr reife Roma-Tomaten (ersatzweise 1 Dose gehackte Tomaten, 400 g Einwaage)
1 EL Olivenöl
2 TL Honig
2 EL weißer Essig
Tabasco oder 1 Prise Peperoncino-Gewürz, nach Belieben
Salz, Pfeffer
1 Dose Riesenbohnen (400 g Einwaage)
2 Stängel glatte Petersilie

1. Die Schalotten abziehen und klein würfeln. Knoblauch und Ingwer schälen und ebenfalls in kleine Würfel schneiden.
2. Die Tomaten waschen, längs halbieren, die Stielansätze herausschneiden und das Fruchtfleisch in etwa 1 cm große Würfel schneiden.
3. Olivenöl in einem Topf erhitzen und Schalotten, Knoblauch und Ingwer unter Rühren andünsten. Die Tomaten unterrühren und bei mittlerer Hitze 15 Minuten einkochen lassen. Dabei öfters umrühren. Dann mit dem Pürierstab nach Belieben gröber oder feiner pürieren.

4. Honig und Essig einrühren. Sauce mit Tabasco, Salz und Pfeffer abschmecken und auf kleiner Flamme durchziehen lassen.
5. Die Bohnen in ein Sieb geben und abbrausen. In die Tomatensauce geben und 3 Minuten darin erwärmen. Währenddessen die Petersilie waschen, mit Küchenpapier trocken tupfen, die Blätter von den Stängeln zupfen und das Gericht damit bestreuen.

Kidneybohnen mit Kürbis

Für 4 Portionen • Pro Portion: 132 kcal, 7 g E, 3 g F, 18 g KH

1 rote Zwiebel
700 g Muskatkürbis
½ TL gemahlener Zimt
600 ml Gemüsebrühe
250 g Fleischtomaten
1 kleine Dose Kidney- oder schwarze Bohnen (200 g Einwaage)
2 Stängel Dill
Salz, Pfeffer

1. Die Zwiebel abziehen und in Ringe schneiden. Das Kürbisstück schälen, die Kerne entfernen und das Fruchtfleisch in etwa 2 cm große Würfel schneiden.
2. Zwiebel und Kürbis mit Zimt und Gemüsebrühe in einen Topf geben und in 10 Minuten bissfest kochen.
3. In der Zwischenzeit die Tomaten waschen, vierteln, Stielansätze und Kerne entfernen und das Fruchtfleisch würfeln. Die Bohnen in ein Sieb geben, abbrausen und gut abtropfen lassen. Den Dill waschen, trocken schütteln, die Blätter von den Stängeln zupfen und fein hacken.
4. Tomaten und Bohnen zum Kürbis geben und alles zusammen 6 Minuten bei milder Hitze erwärmen.
5. Bohnengemüse mit Salz und Pfeffer abschmecken und mit Dill bestreuen.

Tipp: Dazu passen auch Fenchelsamen mit ihrem würzigen Aroma, die gut gegen Entzündungen wirken. 1 TL davon im Mörser oder auf der Arbeitsfläche zerdrücken und mit den Bohnen in den Topf geben.

Info: Der stattliche Muskatkürbis mit seiner gerippten Schale kann bis zu 40 kg schwer werden. Während seine Brüder im Herbst ihre leuchtend orangefarbenen Kleider anziehen, bleibt er in Dunkelgrün bis matt Lachsfarben eher gedeckt. Im Inneren entfaltet aber auch er kräftiges Orange. Im Handel wird er wegen seiner unhandlichen Größe meist in Stücken oder Spalten angeboten.

Eine Besonderheit: Das Fruchtfleisch kann auch für Rohkost verwendet werden.

Linsen mit gebratenem Gemüse

Für 2 Portionen • Pro Portion: 333 kcal, 16 g E, 16 g F, 35 g KH

100 g rohe Tellerlinsen (ca. 300 g gekochte Tellerlinsen)
320 ml Wasser
1 Bund Lauchzwiebeln
1 Knoblauchzehe, nach Belieben
1 rote Spitzpaprikaschote
150 g Möhren
150 g Zucchini
2 EL Kokosöl
1 gehäufter TL getrockneter Thymian oder Majoran
Salz, Pfeffer
2 EL weißer Essig oder Zitronensaft

1. Linsen und Wasser in einen Topf geben. Wasser aufkochen, dann Hitze reduzieren und Linsen köcheln lassen. Nach 25 Minuten Kochzeit Linsen probieren und gegebenenfalls noch etwas länger mit etwas mehr Wasser garen, bis sie weich sind. (Vorgekochte Linsen später ohne weitere Zubereitung verwenden.)
2. Die Lauchzwiebeln putzen, waschen und mit viel Grün in feine Ringe schneiden. Den Knoblauch schälen und hacken. Die Paprikaschote waschen, putzen und in etwa 1 cm große Würfel schneiden.
3. Möhren schälen und putzen. Zucchini putzen und waschen. Beides in etwa 5 mm große Würfel schneiden.
4. Das Kokosöl in einer geräumigen Pfanne schmelzen lassen und das vorbereitete Gemüse hineingeben. 10 Minuten unter gelegentlichem Rühren leicht anbraten. Dann mit Thymian oder Majoran würzen und die Linsen untermischen. Weitere 5 Minuten bei reduzierter Hitze garen.
5. Mit Salz und Pfeffer abschmecken und mit Essig oder Zitronensaft ablöschen.

Tipp: Je nach Saison können Sie auch anderes Gemüse verwenden, zum Beispiel Möhren, Kohlrabi und Rosenkohl. Achten Sie darauf, dass es insgesamt etwa 400 g Gemüse sind.

Beluga-Linsen mit gebratenem Kürbis

Für 2 Portionen • Pro Portion: 475 kcal, 16 g E, 33 g F, 29 g KH

650 g Butternut- oder Hokkaido-Kürbis (ca. 500 g vorbereitet gewogen)
Salz, Pfeffer aus der Mühle
2 EL Olivenöl
50 g Beluga-Linsen
125 ml Wasser oder Gemüsebrühe
1 EL Sesamsaat
40 g Sesampaste (Tahin)
50 ml ungesüßter Mandeldrink
75 g Mandel-Cuisine
1–2 EL Zitronensaft

1. Den Backofen auf 200 °C Ober-/Unterhitze (180 °C Umluft) vorheizen.
2. Butternut-Kürbis schälen und entkernen. Hokkaido-Kürbis mit einem feuchten Tuch säubern (die Schale wird mitverwendet) und entkernen. Kürbis in mundgerechte Würfel schneiden.
3. Ein Backblech mit Backpapier auslegen und die Kürbisstücke darauf verteilen. Mit Salz und Pfeffer aus der Mühle würzen und mit Öl beträufeln. Dann 20–25 Minuten im Ofen weich rösten. Zwischendurch ein paar Mal wenden.
4. Die Linsen mit Wasser oder Gemüsebrühe in einen kleinen Topf geben, aufkochen lassen und dann zugedeckt bei kleiner Hitze köcheln, bis alle Flüssigkeit aufgesogen ist. Offen ausdampfen lassen.
5. Die Sesamsaat in einer beschichteten Pfanne ohne Fett rösten.
6. Sesampaste in einer Schüssel mit Mandeldrink und Mandel-Cuisine verrühren und mit Salz, Pfeffer und Zitronensaft pikant abschmecken.
7. Kürbis auf zwei Teller verteilen, die Linsen daraufgeben, die Sesamsauce darüberlöffeln und alles mit Sesamsaat bestreuen.

Tipp: Wenn Sie nur eine Portion gleich essen, können Sie den zweiten Teller zugedeckt im Kühlschrank aufbewahren und am nächsten Tag mit etwas Essig beträufelt als Salat essen.

Sommergemüse mit roten Linsen

Für 2 Portionen • Pro Portion: 355 kcal, 18 g E, 16 g F, 34 g KH

100 g rohe rote oder gelbe Linsen
200 ml Wasser oder Gemüsebrühe
2 Knoblauchzehen
100 g Möhren
100 g rote oder gelbe Paprikaschoten
1 kleine Stange Lauch
100 g Blumenkohl
100 g Brokkoli
2 EL Olivenöl
1 Prise Peponcino-Gewürz, nach Belieben
Salz, Pfeffer
2 Stängel frisches Basilikum

1. Die Linsen in ein Sieb geben und kalt abbrausen. Zusammen mit dem Wasser oder der Gemüsebrühe in einen kleinen Topf füllen, aufkochen lassen und dann zugedeckt auf kleiner Stufe 10 Minuten quellen lassen. Anschließend offen ausdampfen lassen.
2. Die Knoblauchzehen in ihrer Schale mit der stumpfen Seite auf die Arbeitsplatte drücken, sodass sie aufplatzen.
3. Möhren schälen, putzen und in etwa 5 mm große Würfel schneiden. Paprikaschoten waschen, putzen und klein würfeln. Lauch längs aufschlitzen, am oberen Rand auffächern und gründlich waschen, dann in schmale Streifen schneiden.
4. Blumenkohl und Brokkoli putzen, waschen, die Köpfchen in kleinen, mundgerechten Stücken abschneiden und die Stiele würfeln.
5. Öl in einer geräumigen beschichteten Pfanne erhitzen und Knoblauch und Peperoncino-Gewürz einrühren. Lauch und Möhren dazugeben und unter Rühren 3 Minuten anbraten. Paprikawürfel zufügen und weitere 3 Minuten unter Rühren braten.
6. Blumenkohl und Brokkoli dazugeben und alles zusammen nochmals 3 Minuten pfannenrühren. Nun die Linsen unterheben.
7. Basilikum waschen, trocken schütteln und die Blätter abzupfen. Gemüse mit Salz und Pfeffer abschmecken und mit Basilikum garnieren.

Tipp: **Das Gericht – oder der Rest davon – kann gut mit etwas Essig oder Zitronensaft als Salat gegessen werden.**

Gemüse

Kohlrabi-Gratin

Für 2 Portionen • Pro Portion: 283 kcal, 22 g E, 16 g F, 12 g KH

600 g Kohlrabi
Salz
500 ml Wasser
200 ml ungesüßter Mandeldrink
1 Ei, Größe M
½ TL gemahlene Kurkuma
schwarzer Pfeffer
80 g geriebener Parmesan

1. Den Backofen auf 250 °C Ober-/Unterhitze (Umluft 230 °C) vorheizen.
2. Kohlrabi schälen, putzen, längs halbieren und die Hälften in ca. 2 mm dicke Scheiben schneiden. Salzwasser in einem Topf mit Dampfgareinsatz zum Kochen bringen, den Kohlrabi in den Einsatz geben und in 8–9 Minuten bissfest dämpfen. Dann im Dampfgareinsatz gut abtropfen lassen.
3. Mandeldrink, Ei, Kurkuma, Salz, Pfeffer und die Hälfte des Parmesans in einem hohen Gefäß verquirlen.
4. Kohlrabi in einer Quicheform (ca. 24 cm Durchmesser) verteilen, mit der Eimischung begießen und mit dem restlichen Parmesan bestreuen.
5. Im vorgeheizten Backofen 10–12 Minuten goldgelb überbacken. Wenn Sie allein essen: Die zweite Portion können Sie im Kühlschrank zugedeckt aufbewahren und am nächsten oder übernächsten Tag im Backofen (am besten mit Alufolie abgedeckt) aufwärmen.

Champignons mit Spinat und Quinoa

Für 1 Portion • Pro Portion: 369 kcal, 18 g E, 18 g F, 33 g KH

50 g rohe helle Quinoa
(ca. 150 g vorgekocht)
120 ml Wasser
Salz
200 g Blattspinat, frisch oder TK
150 g braune Champignons
2–3 Kapseln Kardamom
15 g Kokosöl
Pfeffer
weißer Essig

1. Quinoa in ein Sieb geben und heiß abbrausen. Wasser in einen Topf gießen, leicht salzen und aufkochen lassen. Quinoa dazugeben und 15 Minuten offen bei mittlerer Hitze garen. Dann vom Herd nehmen, mit einer Gabel auflockern und ca. 15 Minuten ausdampfen lassen. (Vorgekochte Quinoa später ohne weitere Zubereitung verwenden.)
2. Den TK-Blattspinat auftauen lassen. Frischen Spinat waschen, verlesen und gut abtropfen lassen.
3. Die Champignons mit Küchenpapier abreiben, putzen und in Scheiben schneiden oder vierteln. Die Kardamomsamen aus den Kapseln lösen.
4. Kokosöl in einer beschichteten Pfanne erhitzen, Kardamom und Champignons dazugeben und unter Rühren anbraten.
5. Den Spinat 2–3 Minuten einrühren. Dann die Quinoa unterheben und 2–3 Minuten unter Rühren erhitzen. Mit Salz, Pfeffer und Essig pikant abschmecken.

Tipp: Wenn von der Portion noch etwas übrig bleibt: Mit einer Marinade aus Essig, Öl und 1 EL gemischten Kräutern schmeckt das Gericht gut als Salat und eignet sich auch zum Mitnehmen.

Blumenkohl-Kürbis-Curry mit Spinat

Für 2 Portionen • Pro Portion: 223 kcal, 7 g E, 16 g F, 11 g KH

300 g Blumenkohl (ca. ½ Kopf)
200 g Hokkaido-Kürbis (vorbereitet gewogen)
100 g frischer Spinat
1 Stück frischer Ingwer (walnussgroß)
1 EL Kokosöl
1 EL Madras-Currypulver
1 TL gemahlene Kurkuma
100 ml cremige Kokosmilch
Wasser oder Gemüsebrühe nach Bedarf
Salz, Pfeffer

1. Blumenkohl putzen, waschen und in mundgerechte Röschen teilen. Den Strunk klein würfeln. Die Schale des Kürbis mit einem feuchten Tuch säubern, die Kerne entfernen und das Fruchtfleisch würfeln. Spinat waschen, verlesen und in einem Sieb abtropfen lassen.
2. Ingwer schälen und in sehr kleine Würfel schneiden. Kokosöl in einer beschichteten Pfanne schmelzen, Ingwer, Blumenkohl und Kürbis dazugeben und 5 Minuten unter Rühren anbraten.
3. Den tropfnassen Spinat, Currypulver und Kurkuma dazugeben und weitere 5 Minuten unter Rühren garen.
4. Mit der Kokosmilch ablöschen und Curry 10 Minuten auf kleiner Flamme sanft köcheln lassen. Eventuell noch etwas Wasser oder Gemüsebrühe zufügen und mit Salz und Pfeffer abschmecken.

Tipp: Übriges Curry (wenn Sie nur eine Portion gleich essen) schmeckt aufgewärmt noch mal so gut. Wer mag, kann das Gericht mit Erdnüssen bestreuen, die zuvor in einer beschichteten Pfanne ohne Fett goldgelb geröstet wurden. Sie gelten als sehr wirksam gegen Entzündungen.

Gebackener Blumenkohl aus dem Ofen

Für 2 Portionen • Pro Portion: 294 kcal, 13 g E, 20 g F, 14 g KH

1 Blumenkohl (ca. 750 g)
Salz
½ TL Paprikapulver, rosenscharf oder edelsüß
2 EL Olivenöl
2 EL Zitronensaft
1 Knoblauchzehe
200 ml Joghurt (3,5 % Fett)
Pfeffer

1. Den Backofen auf 200 °C Ober-/Unterhitze (Umluft 180 °C) vorheizen.
2. Den Blumenkohl waschen, putzen und den harten Strunk herausschneiden. Kopf in Röschen teilen.
3. In einer Schüssel Salz, Paprikapulver, Olivenöl und Zitronensaft verrühren. Die Blumenkohlröschen hineingeben und alles gut vermischen.
4. Ein Backblech mit Backpapier auslegen, den Blumenkohl darauf verteilen und auf der mittleren Schiene 30 Minuten im Ofen backen.
5. In der Zwischenzeit die Knoblauchzehe abziehen und durch eine Knoblauchpresse drücken. Joghurt in eine Schüssel geben und mit Salz, Pfeffer und Knoblauch vermischen und bis zum Servieren ziehen lassen.

Tipp: Der Blumenkohl eignet sich gut zum Mitnehmen. Sie können ihn gleich mit dem Joghurt und eventuell noch etwas gehackter Petersilie vermischen und nach Belieben mit mehr Zitronensaft zu einer Art Salat abschmecken.

Gebratener Rosenkohl mit Pilzen

Für 1 Portion • Pro Portion: 296 kcal, 17 g E, 20 g F, 12 g KH

250 g Rosenkohl
500 ml Wasser
Salz
1 kleiner Fenchel (ca. 100 g geputzt)
100 g Pilze, z. B. Austernpilze oder Shiitake)
20 g Kokosöl
1 Prise gemahlener Kardamom
Pfeffer
etwas Zitronensaft, nach Belieben

1. Rosenkohl putzen, größere Exemplare halbieren. In einem Topf mit Dampfgareinsatz Salzwasser zum Kochen bringen und den Rosenkohl darin in etwa 15–20 Minuten weich garen.
2. In der Zwischenzeit den Fenchel putzen, waschen und in Ringe schneiden. Das Fenchelgrün hacken. Die Pilze mit einem feuchten Tuch säubern, putzen und in mundgerechte Stücke schneiden.
3. Kokosöl in einer beschichteten Pfanne erhitzen und den Fenchel darin unter Rühren bissfest garen. Mit Kardamom würzen, die Pilze dazugeben und unter weiterem Rühren braten, bis sie beginnen, Wasser zu ziehen.
4. Den gedämpften Rosenkohl unterrühren und das Ganze 2–3 Minuten auf kleiner Stufe ziehen lassen, dabei häufig rühren.
5. Mit Salz, Pfeffer und – nach Belieben – etwas Zitronensaft abschmecken und mit dem Fenchelgrün bestreut genießen.

Tipp: Wenn Sie Fenchel nicht so sehr mögen, können Sie stattdessen eine große weiße Zwiebel oder eine kleine Knolle Kohlrabi verwenden.

Sauerkraut mit Paprika und Sellerie

Für 4 Portionen • Pro Portion: 109 kcal, 3g E, 6g F, 10g KH

1 große Gemüsezwiebel
2 Knoblauchzehen
1 rote Paprikaschote
200g Staudensellerie
1 EL Rapsöl
500ml Gemüsebrühe
400g frisches Sauerkraut
1 EL Paprikapulver, edelsüß oder rosenscharf
1 TL Kümmel
5 Wacholderbeeren
2 Lorbeerblätter
2 Stängel glatte Petersilie
Salz, Pfeffer
25ml Apfelessig

1. Zwiebel abziehen und in feine Ringe schneiden. Knoblauchzehen schälen und in Scheibchen schneiden. Die Paprikaschote waschen, putzen und in Rauten schneiden. Sellerie waschen, äußere Stängel, wenn erforderlich, dünn abschälen und Selleriestangen in Ringe schneiden.
2. Das Öl in einem geräumigen Topf erhitzen, Zwiebel und Knoblauch dazugeben und unter Rühren goldgelb anbraten. Paprika und Sellerie dazugeben und kurz mitbraten.
3. Mit Brühe ablöschen, das Sauerkraut mit einer Gabel zerpflücken und dazugeben. Paprikapulver, Kümmel, Wacholderbeeren und Lorbeerblätter unterrühren und alles zugedeckt 25 Minuten bei milder Hitze garen.
4. Währenddessen die Petersilie waschen, trocken schütteln und hacken.
5. Nach Möglichkeit die Lorbeerblätter herausfischen und den Sauerkrauttopf mit Salz, Pfeffer und Apfelessig pikant abschmecken und mit Petersilie bestreuen.

Tipp 1: Wenn im späten Frühjahr sehr junge Selleriestauden auf dem Markt sind, können Sie auch deren Grün statt der Petersilie verwenden.

Tipp 2: Ich habe dieses Rezept für vier Portionen gekocht, da das Sauerkraut beim Aufwärmen immer besser wird und das Gericht auch zum Einfrieren gut geeignet ist.

Rote Bete mit Kürbis und Pesto

Für 1 Portion • Pro Portion Gemüse: 286 kcal, 9 g E, 14 g F, 31 g KH •
1 EL Pesto: 127 kcal, 2 g E, 13 g F, 0 g KH

200 g frische Rote Bete
400 g Hokkaido-Kürbis
2 EL Olivenöl
Pfeffer aus der Mühle
100 g frischer Spinat
30 g Paranüsse
30 g Parmesan
50 ml Leinöl
Salz, Pfeffer
Zitronensaft

1. Den Backofen auf 180 °C Ober-/Unterhitze (Umluft 160 °C) vorheizen.
2. Die Roten Beten schälen und in etwa 1 cm große Würfel schneiden. (Schützen Sie dabei Ihre Hände mit Handschuhen, denn der rote Farbstoff haftet hartnäckig!)
3. Die Kürbisschale säubern, Kürbis entkernen und in etwa 1½ cm große Würfel schneiden.
4. Ein Backblech mit Backpapier auslegen und die Roten Beten und den Kürbis getrennt voneinander darauf ausbreiten. Mit Öl beträufeln und mit Pfeffer aus der Mühle würzen. Eine kleine feuerfeste Schale mit Wasser dazustellen und das Gemüse 30 Minuten auf der mittleren Schiene im Ofen rösten.
5. In der Zwischenzeit den Spinat waschen, verlesen und in einem Sieb gut abtropfen lassen. Paranüsse und Parmesan grob hacken.
6. Spinat, Paranüsse, Parmesan und Leinöl in einen Mixer geben und nicht allzu fein pürieren. Pesto mit Salz, Pfeffer und Zitronensaft pikant abschmecken und in ein Schraubglas füllen. Mit dem Ofengemüse servieren.

Tipp: Das Pestorezept ergibt etwa acht Esslöffel. Weniger zuzubereiten würde keinen Sinn machen. Pro Gemüseportion brauchen Sie 1 EL Pesto, der Rest hält sich fest verschlossen gut zwei Wochen im Kühlschrank.

Info: Paranüsse enthalten eine große Menge des Spurenelements Selen sowie Mineralstoffe wie Magnesium, Mangan und Kalzium. Damit wirken sie entgiftend (Schwermetalle) und entzündungshemmend. Mehr als drei Stück pro Tag sollten Sie aber nicht essen, da das Selen auch den Testosteronspiegel erhöhen könnte.

Zucchini-Auflauf mit Käsekruste

Für 4 Portionen • Pro Portion: 398 kcal, 23g E, 29g F, 10g KH

1 EL Rapsöl
30g frische Kräuter, z. B. Majoran, Thymian oder Oregano
100g würziger Käse, z. B. Gruyère oder Bergkäse
6 Eier, Größe M
200ml saure Sahne
Salz, Pfeffer
1 kg Zucchini
1–2TL Fenchelsamen
1 Bund Lauchzwiebeln

1. Den Backofen auf 200 °C Ober-/Unterhitze (Umluft 180 °C) vorheizen. Eine feuerfeste Form (ca. 20 x 30 x 5 cm) mit Öl auspinseln.
2. Die Kräuter waschen, mit Küchenpapier trocken tupfen und die Blätter abzupfen.
3. Den Käse fein reiben und in eine Schüssel geben. Eier, saure Sahne, Kräuter, Salz und Pfeffer dazugeben und gut verrühren.
4. Die Zucchini waschen, putzen und in ca. 3 mm breite Scheiben schneiden. Die Hälfte der Scheiben in der Form verteilen, mit Fenchelsamen bestreuen und mit ⅓ der Käsesauce begießen. Die restlichen Zucchini daraufgeben und die restliche Sauce darüberstreichen.
5. Auflauf 20–25 Minuten auf der mittleren Schiene im Ofen backen, bis eine goldbraune Kruste entstanden ist.
6. In der Zwischenzeit die Lauchzwiebeln putzen, waschen und mit viel Grün in Ringe schneiden. Den fertigen Auflauf mit den Lauchzwiebelringen bestreuen.

Tipp: Einen fertigen Auflauf können Sie portionsweise einfrieren oder 2-3 Tage im Kühlschrank aufbewahren und zugedeckt im Backofen erhitzen.

Gemüsemix mit Hirse

Für 1 Portion • Pro Portion: 447 kcal, 11 g E, 25 g F, 43 g KH

30 g rohe Goldhirse (ca. 100 g vorgekocht)
100 ml Wasser + 500 ml zum Dampfgaren
Salz
300 g Gemüse nach Wahl (z. B. 100 g Bohnen und 200 g Möhren)
15 g Walnusskerne
2 EL Rapsöl
½ TL Garam Masala
Pfeffer
1–2 TL Zitronensaft

1. Die Goldhirse in ein Sieb geben, heiß abbrausen und abtropfen lassen. Mit 100 ml Wasser in einem kleinen Topf aufkochen lassen. Dann bei milder Hitze 7–8 Minuten garen, vom Herd nehmen und offen quellen und ausdampfen lassen. (Vorgekochte Hirse später ohne weitere Zubereitung verwenden.)
2. Das Gemüse putzen, je nach Bedarf schälen oder waschen und in mundgerechte Stücke schneiden. 500 ml Salzwasser in einen Topf mit Dampfgareinsatz geben, das Gemüse im Einsatz verteilen und bissfest garen. Die Walnusskerne grob hacken.
3. Das Öl in einer beschichteten Pfanne erhitzen und Garam Masala und gehackte Nüsse darin kurz rösten. Das Gemüse dazugeben und unter Rühren 2–3 Minuten anbraten. Die fertige Hirse unterheben und weitere 2 Minuten unter Rühren erhitzen.
4. Gemüsemix mit Salz, Pfeffer und Zitronensaft pikant abschmecken.

Info: Hirse ist für PCOS-Betroffene ein sehr hilfreiches Nahrungsmittel. Die kleinen Kügelchen sind Schatzkammern voller Mineralstoffe und wichtiger Vitamine. Top sind auch der hohe Eisengehalt (50 g täglich genügen), reichlich Magnesium und auch Vitamin D.

Rotkohl mit Orangen und Walnüssen

Für 2 Portionen • Pro Portion: 251 kcal, 7 g E, 14 g F, 23 g KH

600 g Rotkohl
Salz
1 große rote Zwiebel
1 EL Rapsöl
2 EL Rotweinessig
1 gestr. EL Kümmel
100 ml Gemüsebrühe
4 Stängel Thymian
1 Bio-Orange
15 g Rosinen oder Cranberrys
15 g Walnusskerne
Pfeffer

1. Vom Rotkohl die äußeren Blätter entfernen. Den Kopf längs in vier Teile schneiden und den Strunk keilförmig herausschneiden. Kohlblätter in feine Streifen schneiden, in eine Schüssel geben und salzen. Mit den Händen durchkneten – das macht den Kohl weicher – und ziehen lassen.
2. Die Zwiebel abziehen und fein würfeln. Das Öl in einem beschichteten Topf erhitzen und die Zwiebel darin goldgelb anbraten. Mit dem Rotweinessig ablöschen.
3. Rotkohl und Kümmel dazugeben und die Gemüsebrühe angießen. Den Thymian waschen, trocken schütteln und die Blättchen gegen die Wuchsrichtung von den Stängeln streifen. Die Hälfte der Blättchen zum Rotkohl geben, den Rest beiseitestellen.
4. Rotkohl 25 Minuten bei milder Hitze zugedeckt köcheln lassen, bis er bissfest gegart ist. Dabei hin und wieder umrühren.

5. Die Orange heiß waschen, 1 EL Schale abreiben und die Frucht auspressen. Orangenschale, -saft und Rosinen oder Cranberrys zum Rotkohl geben und weitere 10 Minuten garen.
6. In der Zwischenzeit die Walnusskerne in einer beschichteten Pfanne ohne Fett rösten.
7. Den Rotkohl mit Salz und Pfeffer abschmecken und mit Walnüssen und den restlichen Thymianblättchen bestreuen.

Tipp 1: Einen schönen runden Geschmack bekommt der Rotkohl, wenn Sie zum Schluss noch 2 EL Preiselbeer-, Sauerkirsch- oder Johannisbeer-Gelee einrühren.

Tipp 2: Sie können den Rotkohl als Hauptmahlzeit essen, aber auch als Beilage – da reicht er für vier Portionen. Wenn Sie für sich allein kochen: Die übrige Portion kann man (ohne Nüsse) auch gut einfrieren oder im Kühlschrank 2-3 Tage aufbewahren.

Pfannengerührter Chinakohl mit Shiitake-Pilzen

Für 1 Portion • Pro Portion: 213 kcal, 4 g E, 16 g F, 17 g KH

150 g Chinakohl
1 Lauchzwiebel oder Schalotte
1 Knoblauchzehe
1 Stück frischer Ingwer (haselnussgroß)
50 g Shiitakepilze
1 EL helles Sesamöl
50 ml Gemüsebrühe
Salz, Pfeffer
Reisessig, nach Belieben

1. Chinakohl putzen, waschen, in Blätter teilen und diese in Streifen schneiden. Die Lauchzwiebel waschen, putzen und in Ringe schneiden. Knoblauchzehe und Ingwer schälen. Beides fein hacken.
2. Die Pilze behutsam mit Küchenpapier säubern, die Stiele herausknipsen und größere Köpfchen auseinanderbrechen.
3. Das Öl in einer beschichteten Pfanne mild erhitzen und Lauchzwiebeln, Knoblauch und Ingwer unter Rühren andünsten.
4. Chinakohl und Pilze dazugeben und unter Rühren behutsam anbraten. Mit Gemüsebrühe aufgießen und alles 6–7 Minuten weiter garen.
5. Gericht mit Salz, Pfeffer und – nach Belieben – etwas Reisessig abschmecken und gleich genießen.

Info: Chinakohl kam erst mit den chinesischen Auswanderern nach Amerika und von dort nach Europa. Man bekommt ihn das ganze Jahr über. Dass er auch Frost verträgt, macht ihn zu einem beliebten Wintergemüse. Chinakohl eignet sich für alle Zubereitungsarten: Sie können ihn dämpfen, braten oder im Salat roh essen. Gut verträgt er sich mit Pilzen oder Fisch.

Info: Sesamöl ist für PCOS-Betroffene ein sehr wertvolles Öl. Abgesehen von der mehrfach ungesättigten Linolsäure enthält es Antioxidantien und viel Magnesium sowie die Vitamine A und E. Sie dürfen allerdings nur helles, ungeröstetes Öl verwenden und es auch nicht zu stark erhitzen. Das dunkle, geröstete Sesamöl ist den Salaten vorbehalten.

Spinat mit Pilzen und Garnelen

Für 1 Portion • Pro Portion: 288 kcal, 20g E, 15g F, 22g KH

200g frischer Spinat
150g Pilze, z. B. Shimeji-, Shiitake-Pilze oder einfach Champignons
1 kleine Zwiebel
1 Stängel Zitronengras
1 EL helles Sesamöl
100g gekochte und geschälte Garnelen
Salz, Pfeffer
Zitronensaft, nach Belieben

1. Den Spinat waschen, verlesen und in einem Sieb abtropfen lassen. Die Pilze mit Küchenpapier säubern, putzen und je nach Größe halbieren oder vierteln.
2. Die Zwiebel abziehen und fein hacken. Zitronengras längs aufschlitzen und die weichen, weißen Stängel in feine Ringe schneiden.
3. Öl in einem geräumigen Topf mild erhitzen und die Zwiebel und die Pilze unter Rühren leicht anbraten. Den Spinat dazugeben und zugedeckt dünsten, bis er zusammengefallen ist.
4. Die Garnelen und Zitronengrasringe unterheben und 2 Minuten unter gelegentlichem Rühren erwärmen. Mit Salz, Pfeffer und – nach Belieben – etwas Zitronensaft abschmecken.

Tipp: Statt der Pilze passt zur Abwechslung auch mal Avocado gut zu diesem asiatisch inspirierten Gericht. Diese kommt gewürfelt mit den Garnelen zum Spinat.

Info: Japanische Pilze wie Shimeji und Shiitake sind bekannt wegen ihrer Heilwirkungen. Sie stärken das Immunsystem und werden bei Diabetes und chronischen Entzündungen empfohlen. B-Vitamine, Vitamin D sowie das reichlich enthaltene Kupfer sind gut, um den Stoffwechsel zu regulieren.

Brokkoli-Quiche mit Kokos-Cashew-Creme

Für 4 Portionen • Po Portion: 455 kcal, 13 g E, 25 g F, 44 g KH

200 g Buchweizenmehl
Salz
1 TL Weinstein-Backpulver
2 EL Rapsöl + etwas für die Form
100 ml Wasser + 500 ml zum Dampfgaren
400 g Brokkoli
80 g Kokosraspel
40 g gemahlene Cashewkerne
200 ml ungesüßter Mandel- oder Cashewdrink
Pfeffer
Zitronensaft
geriebene Muskatnuss

1. Den Backofen auf 180 °C Ober-/Unterhitze (Umluft 160 °C) vorheizen.
2. Für den Teig Buchweizenmehl, 1 Prise Salz, Backpulver, Rapsöl und 100 ml Wasser in eine Rührschüssel geben und mit dem Knethacken des Handrührgeräts zu einem glatten Teig verarbeiten.
3. Eine Quicheform (ca. 24 cm Durchmesser) leicht einfetten und den Teig mit dem Handballen oder einem kleinen Ausroller darin verteilen. Am Rand leicht hochziehen. Mit einer Gabel öfters einstechen und 10 Minuten im Ofen vorbacken.

4. In der Zwischenzeit die Brokkoliröschen abschneiden, waschen, in mundgerechte Stücke schneiden. (Die Stiele anderweitig verwenden.) 500 ml Salzwasser in einem Topf mit Dampfgareinsatz zum Kochen bringen, Brokkoli in den Einsatz geben und in 10 Minuten bissfest dämpfen.
5. Kokosraspel und gemahlene Cashewkerne mit dem Mandeldrink in ein hohes Gefäß geben und mit dem Pürierstab zu einer cremigen Sauce verrühren. Mit Salz. Pfeffer, Zitronensaft und Muskatnuss abschmecken.
6. Die Kokos-Cashew-Creme auf dem vorgebackenen Teigboden verstreichen, den Brokkoli darauf verteilen und die Quiche 10 Minuten im Ofen fertig backen.

Tipp: Wenn Sie von den vier Portionen nur eine gleich essen, können Sie die restlichen portionsweise einfrieren und bei Bedarf in Alufolie gewickelt im Backofen erhitzen.

Info: Cashewkerne sind mit fast 20 Prozent Eiweiß eine hochwertige pflanzliche Proteinquelle. Viel Magnesium und Kalzium sowie Eisen und Zink sprechen gerade beim PCO-Syndrom für häufigeren Verzehr. Studien haben gezeigt, dass schon eine Handvoll pro Tag dazu beitragen kann, Übergewicht und Diabetes vorzubeugen.
Kaufen Sie nicht irgendwelche Cashewkerne – Bio und Fair Trade sollten selbstverständlich sein. Nur bei hochwertigem Anbau und Verarbeitung ist sicher, dass die Kerne keine Verunreinigungen oder Pestizide enthalten.

Gemüse-Rösti mit Quark-Dip

Für 2 Portionen • Pro Portion: 398 kcal, 15 g E, 21 g F, 35 g KH

200 g Zucchini
200 g festkochende Kartoffeln
150 g Möhren
Salz
1 Knoblauchzehe
100 g Quark (20 % Fett)
25 ml Mineralwasser mit Kohlensäure
2 Eier, Größe M
1 EL Stärkemehl (Mais- oder Kartoffelstärke)
1 TL gemahlene Kurkuma
2 EL Rapsöl

1. Zucchini waschen und putzen. Kartoffeln und Möhren schälen. Gemüse auf der groben Seite der Reibe in eine Schüssel raspeln, mit 2 TL Salz vermischen und mindestens 15 Minuten ziehen lassen.
2. In der Zwischenzeit die Knoblauchzehe schälen und durch eine Knoblauchpresse in eine Schüssel drücken. Mit Quark und Mineralwasser verrühren.
3. In einer zweiten Schüssel die Eier mit einer Gabel aufschlagen. Das Gemüse portionsweise fest ausdrücken und zu den Eiern geben. Mit Stärkemehl und Kurkuma bestreuen und alles gut vermischen.
4. 1 EL Öl in einer beschichteten Pfanne erhitzen. Mit einem Löffel aus der Gemüsemasse 3 Haufen in die Pfanne setzen und zu flachen Küchlein drücken. Hitze etwas reduzieren, Rösti von jeder Seite etwa 2 Minuten goldgelb braten, aus der Pfanne nehmen und warm stellen. Das restliche Öl in die Pfanne geben und weitere 3 Röstis braten.
5. Die Quarksauce getrennt zu den Röstis reichen.

Tipp 1: Sie können den Quark auch mit Kräutern nach Wahl verfeinern oder die Röstis auf einen bunten Salat geben.

Tipp 2: Wenn Sie nur eine Portion essen, können Sie die Röstis gut im Kühlschrank aufbewahren und sie am nächsten Tag mitnehmen und kalt als Lunch verzehren. Als Beilage reichen die Röstis auch für vier Portionen.

Spinat-Frittata

Für 4 Portionen • Pro Portion: 401 kcal, 23 g E, 24 g F, 21 g KH

300 g festkochende Kartoffeln
300 g Kohlrabi
500 g frischer Blattspinat
Salz
500 ml Wasser
150 g Schalotten
1 EL Olivenöl
150 ml Mandel- oder Kokos-Cuisine
75 g Frischkäsezubereitung (20 % Fett)
8 Eier, Größe M
½ TL gemahlene Kurkuma
Pfeffer
200 g Cocktail-Tomaten
etwas Fett für die Form

1. Die Kartoffeln schälen, waschen, und in ca. 2 mm dicke Scheiben schneiden. Den Kohlrabi schälen, putzen, längs halbieren und die Hälften ebenfalls in Scheiben schneiden. Den Spinat waschen, verlesen und in einem Sieb abtropfen lassen.
2. Salzwasser in einem Topf mit Dampfgareinsatz zum Kochen bringen, Kartoffel- und Kohlrabischeiben in den Einsatz legen und 12 Minuten dämpfen.
3. Den Backofen auf 180 °C Ober-/Unterhitze (Umluft 160 °C) vorheizen.
4. Die Schalotten abziehen und fein hacken. In einem geräumigen Topf (der Spinat soll darin Platz haben) das Olivenöl erhitzen und die Schalotten darin goldgelb dünsten. Den Spinat dazugeben und dünsten, bis er zusammengefallen ist, dabei öfter umrühren.
5. Mandel-Cuisine, Frischkäse, Eier, Kurkuma, Salz und Pfeffer in einer Schüssel verrühren. Die Tomaten waschen, abtropfen lassen und halbieren.

6. Kartoffeln, Kohlrabi und Spinat abwechselnd in eine leicht gefettete Form (ca. 20–25 cm) schichten, mit der Eiermasse begießen und mit den Tomaten belegen.
7. Frittata 20–25 Minuten im Backofen stocken lassen, bis die Oberfläche schön goldgelb ist.

Tipp 1: Die Frittata schmeckt auch mit Mangold gut. Beim Mangold die Mittelrippen herausschneiden und zusammen mit den Schalotten zerkleinern und andünsten. Die Blätter halbieren oder vierteln. Besonders entzündungshemmend wird die Frittata mit Grünkohl. Den sollten Sie vorher kurz blanchieren, um den herben Geschmack etwas zu mildern.

Tipp 2: Dieses Rezept ergibt vier Portionen, die Sie bei Bedarf gut im Kühlschrank aufbewahren oder für ein kaltes Mittagessen mitnehmen können.

Fenchel mit Macadamiasauce

Für 2 Portionen • Pro Portion: 257 kcal, 6 g E, 23 g F, 8 g KH

2 Fenchel (à 200–250 g)
Salz
500 ml Wasser
½ Vanilleschote
60 g Macadamianüsse
125 ml ungesüßter Mandel- oder Macadamiadrink
Pfeffer

1. Die äußeren Blätter der Fenchelknollen – wenn nötig – dünn abschälen oder waschen. Das Fenchelgrün abschneiden, hacken und beiseitestellen. Die harten Stängel wegschneiden, die Knollen längs vierteln und die Strünke keilförmig herausschneiden. Knollen in einzelne Blätter teilen.
2. Salzwasser in einen Topf geben, einen Dampfgareinsatz einhängen, die Fenchelblätter in den Einsatz legen und in 15–18 Minuten weich dämpfen.
3. In der Zwischenzeit die halbe Vanilleschote längs aufschlitzen und das Mark herauskratzen. Die Macadamianüsse fein hacken.
4. Mandeldrink, Macadamianüsse, Vanillemark und -schote in einen kleinen Topf geben und 10 Minuten bei mittlerer Hitze köcheln lassen. Die Vanilleschote entfernen und die Flüssigkeit mit dem Pürierstab oder im Mixer zu einer cremigen Sauce pürieren. Mit Salz und Pfeffer abschmecken.
5. Den gedämpften Fenchel auf zwei Teller verteilen, die Macadamiasauce darüberlöffeln und mit dem Fenchelgrün garnieren. Wenn Sie nur eine Portion gleich essen, bewahren Sie den zweiten Teller zugedeckt im Kühlschrank auf. Am nächsten Tag gibt das mit ein wenig Essig einen prima Salat.

Tipp: Das Rezept schmeckt auch gut mit 400 g Staudensellerie.

Info: Die Macadamianuss, die »Königin der Nüsse«, wie sie auch genannt wird, ist zwar ein Kalorien-Schwergewicht und enthält viel Fett, das aber hat es in sich. Die mehrfach ungesättigten Fettsäuren sind tolle Helfer bei zu hohem Cholesterinspiegel. B-Vitamine, Vitamin E, Magnesium, Kalzium und Eisen sind wichtige Inhaltsstoffe für PCOS-Betroffene.

Gebratener Naturreis mit Gemüse

Für 1 Portion • Pro Portion: 399 kcal, 15 g E, 16 g F, 49 g KH

Pro Portion: 399 kcal, 15 g E, 16 g F, 49 g KH
45 g Naturreis (ca. 100 g vorgekocht)
600 ml Wasser
Salz
200 g Brokkoli
100 g Möhren
1 rote Schalotte
75 g Champignons
1 EL Rapsöl
1–2 EL Reisessig
Salz, Pfeffer

1. Den Reis in ein Sieb geben und heiß abbrausen. Mit 100 ml Wasser und 1 Prise Salz in einen kleinen Topf geben, aufkochen lassen und anschließend bei milder Hitze zugedeckt 25 Minuten quellen lassen, bis an der Oberfläche kleine Vertiefungen zu sehen sind. Mit einer Gabel auflockern und offen ausdampfen lassen. (Vorgekochter Reis wird später ohne weitere Zubereitung verwendet.)
2. Brokkoli waschen und die Röschen vom Stiel schneiden. 500 ml Salzwasser in einen Topf geben, Dampfgareinsatz einhängen und die Röschen hineingeben. Das Wasser zum Köcheln bringen und die Röschen in 15 Minuten weich dämpfen.
3. In der Zwischenzeit den Brokkolistiel dünn abschälen und in kleine Würfel schneiden. Die Möhren schälen, putzen und ebenfalls würfeln.
4. Die Schalotte abziehen und hacken. Die Champignons mit Küchenpapier säubern und in Scheiben schneiden.
5. Das Öl in einer beschichteten Pfanne erhitzen und die Schalotte unter Rühren darin andünsten. Das gewürfelte Gemüse dazugeben und unter Rühren 3 Minuten anbraten. Die Champignons dazugeben und rühren, bis sie Farbe angenommen haben.
6. Den Reis und die gedämpften Brokkoliröschen unterheben und 2–3 Minuten unter öfterem Wenden mit einem Pfannenheber leicht anbraten.
7. Mit Essig ablöschen und mit Salz und Pfeffer abschmecken.

Tipp: Dieses schnelle und sättigende Reisgericht können Sie je nach Jahreszeit auch mit anderem Gemüse zubereiten. Die Menge lässt sich beliebig multiplizieren und das Gericht auch auf Vorrat braten. Zum Aufwärmen einfach eine beschichtete Pfanne dünn mit Öl bepinseln und die Portion unter Rühren erhitzen.

Fisch

Fisch wie Kabeljau, Schellfisch oder Lachs enthält besonders leicht verdauliches und verwertbares Eiweiß. Außerdem reichlich Omega-3-Fettsäuren, die entzündungshemmend wirken. Die gleichfalls enthaltenen Omega-6-Fettsäuren können zwar Entzündungen befördern, unser Körper braucht sie aber auch. Ideal ist dabei ein Verhältnis von zwei bis fünf Teilen Omega-6- zu einem Teil Omega-3-Fettsäuren. In der Realität aber werden im Schnitt 20-mal so viel Omega-6-Fettsäuren gegessen. Gerade zur Bekämpfung versteckter Entzündungen ist es wichtig, den Anteil von Omega-3-Fettsäuren in der Nahrung zu erhöhen. Dafür sind Fische, besonders die fetteren Tiefseesorten, aber auch Schellfisch und Forelle, gute Lieferanten.

Buchweizen-Spaghetti mit Lachs

Für 1 Portion • Pro Portion: 567 kcal, 30 g E, 28 g F, 43 g KH

1 EL Sesamsaat
1 Schalotte
200 g Paprikaschoten, Farbe nach Belieben
100 g Lachsfilet
Salz, Pfeffer
1 EL Kokosöl
75 g Buchweizennudeln
Wasser

1. Sesamsaat in einer beschichteten Pfanne ohne Fett rösten und beiseitestellen.
2. Schalotte abziehen und längs in feine Streifen schneiden. Paprikaschoten waschen, putzen und ebenfalls längs in feine Streifen schneiden. Das Lachsfilet mit Küchenpapier trocken tupfen, salzen, pfeffern und in mundgerechte Würfel schneiden.
3. Kokosöl in einer Pfanne erhitzen und Schalotten- und Paprikastreifen darin unter Rühren 5 Minuten anbraten. Das Gemüse an den Pfannenrand schieben und die Lachswürfel in die Mitte der Pfanne geben. Kräftig anbraten und dabei einige Male wenden. Pfanne zugedeckt warm stellen.
4. Buchweizennudeln laut Packungsanleitung in einem Topf mit Salzwasser bissfest garen. Anschließend durch ein Sieb abgießen und gut abtropfen lassen. Mit dem Pfanneninhalt vermischen und mit Sesam bestreut genießen.

Tipp: Buchweizenspaghetti sind, wie andere getreidefreie »Teigwaren« auch, empfindlicher, was die Kochzeiten betrifft. Deshalb wird in diesem Rezept erst die Sauce fertig zubereitet und dann die Nudeln. Achten Sie darauf, dass sie nicht zu lange kochen und klebrig werden.

Info: In Japan kennt man Buchweizennudeln schon lange. Soba heißen sie dort und werden oft und gern, im Sommer sogar eisgekühlt, gegessen. Zu Silvester sind Soba ein Muss, da der Verzehr von langen Nudeln Hoffnung auf ein langes Leben verspricht.

Gedünsteter Kabeljau »en papillote«

Für 2 Portionen • Pro Portion: 494 kcal, 44 g E, 25 g F, 23 g KH

45 g Naturreis (ca. 100 g vorgekocht)
100 ml Wasser
400 g Kabeljaufilet
½ Bio-Zitrone
je ½ rote, grüne und gelbe Paprikaschote
1 Schalotte
Salz, Pfeffer
3 EL Olivenöl
2 EL Schnittlauch in Röllchen

1. Den Backofen auf 170 °C Ober-/Unterhitze (Umluft 150 °C) vorheizen.
2. Den Reis in ein Sieb geben und mit Wasser spülen. Mit dem Wasser in einem kleinen Topf zum Kochen bringen. Dann zugedeckt bei milder Hitze 15 Minuten quellen lassen, bis alle Flüssigkeit aufgesogen ist. Mit einer Gabel auflockern und ausdampfen lassen.
3. Das Kabeljaufilet waschen, mit Küchenpapier trocken tupfen und in zwei Portionen teilen. Die Zitrone heiß waschen, 2 TL Schale abreiben, dann die Frucht auspressen. Fisch mit 1 EL Zitronensaft beträufeln und etwas ziehen lassen.
4. Die Paprikaschoten waschen, putzen und in Streifen oder Rauten schneiden. Die Schalotte abziehen und in feine Streifen schneiden.
5. Zwei Stück Pergamentpapier zurechtschneiden (ca. 40 x 40 cm), anfeuchten und das Gemüse und den gekochten Reis gleichmäßig darauf verteilen. Mit Salz und Pfeffer würzen. Den Fisch auf Gemüse und Reis legen, mit Olivenöl beträufeln und ebenfalls würzen.
6. Jedes Papier zu einem Päckchen falten, verschließen und im Backofen 30 Minuten garen.
7. Die Fisch-Päckchen öffnen und mit Schnittlauch und Zitronenraspeln bestreuen. Wenn Sie nur ein Fischpäckchen gleich essen, lassen Sie das zweite geschlossen und bewahren es nach dem Abkühlen im Kühlschrank auf. Am nächsten Tag dann im vorgeheizten Backofen erhitzen.

Tipp: **Im Fischpäckchen machen sich auch grüne oder schwarze entsteinte und halbierte Oliven gut. Statt des Schnittlauchs passen auch eingelegte Kapern, etwa 1 EL.**

Schellfisch mit Lauch in Senfsauce

Für 2 Portionen • Pro Portion: 296 kcal, 37 g E, 11 g F, 10 g KH

300 g Schellfisch-Filet
1 EL Zitronensaft
2 Stangen Lauch (ca. 400 g vorbereitet gewogen)
1 weiße Zwiebel
1 EL Rapsöl
1 TL Senfkörner
250 ml Gemüsebrühe
Salz, Pfeffer
2 Stängel glatte oder krause Petersilie
1 EL scharfer Senf

1. Die Fischfilets mit Küchenpapier trocken tupfen. Auf einen Teller legen, mit Zitronensaft beträufeln und ziehen lassen.
2. Den Lauch putzen, längs halbieren, die Enden auffächern und gründlich waschen. Dann Lauch in etwa 1 cm breite Streifen schneiden. Die Zwiebel abziehen, halbieren und in feine Scheiben schneiden.
3. Öl in einem Topf mit Deckel erhitzen und die Zwiebeln darin andünsten. Den Lauch dazugeben und etwa 2 Minuten unter Rühren leicht anbraten. Senfkörner und Gemüsebrühe dazugeben.
4. Die Fischfilets salzen, pfeffern und auf den Lauch legen. Zugedeckt bei milder Hitze 10 Minuten dämpfen.
5. In der Zwischenzeit die Petersilie waschen, mit Küchenpapier trocken tupfen und die Blätter von den Stängeln zupfen. Nach Belieben fein oder gröber hacken.

6. Den Fisch aus dem Topf heben und warm stellen. Den Lauch weitere 5 Minuten offen einkochen lassen. Senf mit etwas Kochflüssigkeit glatt rühren und mit dem Gemüse vermischen. Mit Salz und Pfeffer abschmecken.
7. Lauchgemüse anrichten, den Fisch obenauf legen und mit Petersilie bestreuen. Wenn Sie nur eine Portion gleich essen, können Sie für die zweite Portion am nächsten Tag den Fisch in Streifen schneiden, unter das Gemüse mischen und das Ganze in einem kleinen Topf bei milder Hitze aufwärmen.

Fischeintopf Provence

Für 4 Portionen • Pro Portion: 199 kcal, 27 g E, 6 g F, 8 g KH

600 g gemischtes Fischfilet, z. B. Schellfisch, Seelachs und Seeteufel
1 EL Zitronensaft
2 Schalotten
2 Knoblauchzehen
100 g Staudensellerie
100 g Möhren
1 EL Olivenöl
800 ml Gemüsebrühe oder Fischfond
1 EL Fenchelsamen
2 Döschen Safranfäden
1 Dose geschälte Tomaten (ca. 400 g Einwaage)
1 Bio-Orange
Salz, Pfeffer
2 Stängel glatte Petersilie

1. Die Fischfilets unter fließendem kaltem Wasser abbrausen, mit Küchenpapier trocken tupfen und in mundgerechte Stücke schneiden. Mit Zitronensaft beträufeln und zugedeckt beiseitestellen.
2. Die Schalotten abziehen und hacken. Die Knoblauchzehen schälen und in Scheiben schneiden.
3. Staudensellerie putzen, waschen und in Scheiben schneiden. (Äußere Stängel eventuell zuvor dünn abschälen.) Die Möhren schälen, putzen und ebenfalls in Scheiben schneiden.
4. Das Öl in einem geräumigen Topf erhitzen und Schalotten und Knoblauch darin andünsten. Sellerie und Möhren dazugeben und unter Rühren kurz anbraten.

5. Brühe, Fenchelsamen und Safranfäden dazugeben und das Gemüse in 15–20 Minuten weich kochen.
6. Die Tomaten aus der Dose zugeben und alles mit dem Pürierstab grob pürieren. (Nach Belieben zuvor 1-2 Tomaten herausnehmen, in Streifen oder Würfel schneiden und nach dem Pürieren wieder in die Suppe geben.)
7. Die Orange heiß waschen und 2 EL Schale abreiben. Die Frucht auspressen.
8. Die Orangenraspel in die Sauce rühren und diese mit Orangensaft, Salz und Pfeffer abschmecken. Die Fischstücke dazugeben und 5 Minuten bei milder Hitze sanft garen lassen.
9. Die Petersilie waschen, trocken schütteln und die Blätter von den Stielen zupfen und auf dem Eintopf verteilen.

Tipp: Der edle Fischeintopf ist gut für Gäste geeignet. Sie können die vier Portionen des Eintopfs aber auch auf Vorrat zubereiten und 1-2 Tage im Kühlschrank und bis zu sechs Monaten im Tiefkühler aufbewahren.

Fischauflauf mit Buchweizen

Für 4 Portionen • Pro Portion: 472 kcal, 34g E, 23g F, 32g KH

160g roher Buchweizen (ca. 400g vorgekocht)
420ml Wasser
Salz
500g Fischfilet nach Wahl, z. B. Lachs oder Thunfisch
1 EL Zitronensaft
1 grüne Paprikaschote
200g Rispentomaten
3 Schalotten
1 EL Olivenöl
100ml Gemüsebrühe
Pfeffer
2 EL Apfelessig
50g Parmesan in Flocken
2 Stängel glatte Petersilie oder Koriander

1. Buchweizen in ein Sieb geben und mit heißem Wasser abspülen. Zusammen mit Wasser und Salz in einen hohen Topf geben, aufkochen lassen und dann offen bei mittlerer Hitze 10 Minuten köcheln lassen. Topf vom Herd nehmen und Buchweizen 15 Minuten ausdampfen lassen. (Vorgekochter Buchweizen wird später ohne weitere Zubereitung verwendet.)
2. Die Fischfilets mit Küchenpapier trocken tupfen. In Streifen schneiden, mit Zitronensaft beträufeln und ziehen lassen.

3. Den Backofen auf 200 °C Ober-/Unterhitze (Umluft 180 °C) vorheizen.

4. In der Zwischenzeit die Paprikaschote waschen, putzen und klein würfeln. Die Tomaten waschen, halbieren, Stielansätze und Kerne entfernen und das Fruchtfleisch ebenfalls klein würfeln. Die Schalotten abziehen und hacken.

5. Öl in einer beschichteten Pfanne erhitzen und Schalotten und Paprikawürfel darin unter Rühren leicht anbraten. Tomaten und Gemüsebrühe dazugeben. Die Fischfilets salzen und pfeffern und auf das Gemüse legen. 1 Minute garen lassen.

6. Gemüse und Fisch in eine feuerfeste Form (ca. 25 cm Durchmesser) füllen und mit dem gekochten Buchweizen bedecken. Mit Essig beträufeln und den Parmesan obenauf verteilen. Auflauf auf der mittleren Schiene im Ofen 10–12 Minuten überbacken, bis der Käse zu schmelzen beginnt.

7. In der Zwischenzeit die Petersilie waschen, mit Küchenpapier trocken tupfen und die Blätter von den Stängeln zupfen. Auflauf vor dem Servieren mit der Petersilie bestreuen.

Tipp: Übrigen Auflauf können Sie portionsweise einfrieren oder 1-2 Tage im Kühlschrank aufbewahren. Bei Bedarf im Backofen in Alufolie gewickelt erhitzen.

Fischstew

Für 2 Portionen • Pro Portion: 250 kcal, 29g E, 9g F, 15g KH

300g Schellfisch-, Kabeljau- oder Heilbutt-Filet
1 EL Zitronensaft
1 kleine Zwiebel
1 Knoblauchzehe
200g Möhren
100g kleine Rispen-Tomaten
1 EL Olivenöl
je ½ TL Currypulver und gemahlene Kurkuma
300ml Wasser
1 Bio-Orange
2 Stängel glatte Petersilie
Salz, Pfeffer

1. Das Fischfilet mit Küchenpapier trocken tupfen. In mundgerechte Stücke schneiden, mit Zitronensaft beträufeln und ziehen lassen.
2. Die Zwiebel abziehen und in feine Ringe schneiden. Knoblauchzehe schälen und klein hacken. Die Möhren schälen, putzen und in Scheiben schneiden. Die Tomaten waschen, halbieren und die Stielansätze herausschneiden.
3. Öl in einem beschichteten Topf erhitzen und Zwiebel, Knoblauch und Möhren unter Rühren 4–5 Minuten braten. Mit Currypulver und Kurkuma bestäuben und mit Wasser aufgießen. Gemüse in 8 Minuten bissfest köcheln.
4. In der Zwischenzeit die Orange heiß waschen und 1 EL Schale abreiben. Die Frucht auspressen.
5. Fischfilet, Tomaten und Orangensaft und -raspeln in den Topf geben und bei milder Hitze zugedeckt 5 Minuten ziehen lassen.
6. Petersilie waschen, mit Küchenpapier trocken tupfen und die Blätter von den Stängeln zupfen und über das fertige Gericht geben.

Tipp: Gästen schmeckt das leckere Stew bestimmt auch. Multiplizieren Sie die Zutatenmengen einfach, je nachdem, wie viele Portionen Sie benötigen. Für Ihre Gäste kann es auch gekochten Reis oder frisches Weißbrot dazu geben. Wenn Sie nur eine Portion benötigen, können Sie die zweite zugedeckt im Kühlschrank aufbewahren.

Lachs auf grünem Spargelpüree

Für 2 Portionen • Pro Portion: 426 kcal, 32 g E, 31 g F, 6 g KH

1 Lachsfilet ohne Haut (ca. 125 g)
1 EL Zitronensaft
Salz, Pfeffer
125 g grüner Spargel
500 ml Wasser
1 Prise Zucker
1 Schalotte
1 Stängel glatte Petersilie
10 g Parmesan oder Grana Padano
1 TL Olivenöl
50 ml Schmand
schwarzer Pfeffer aus der Mühle

1. Den Backofen auf 180 °C Ober-/Unterhitze (Umluft 160 °C) vorheizen.
2. Die Lachsfilets mit Küchenpapier trocken tupfen, mit 1 TL Zitronensaft beträufeln und mit Salz und Pfeffer würzen. Ein Stück Pergamentpapier oder Alufolie zu einem Rechteck (ca. 30 cm lang) zurechtschneiden, den Lachs darauflegen und locker einpacken. In den Backofen geben und 25 Minuten garen.
3. Währenddessen den Spargel, wenn nötig, im unteren Drittel schälen und die holzigen Enden entfernen. In einem flachen Topf Wasser, Zucker und 1 Prise Salz sowie dem restlichen Zitronensaft zum Kochen bringen. Den Spargel hineinlegen und 15–20 Minuten bei milder Hitze garen.
4. In der Zwischenzeit die Schalotte abziehen und fein hacken. Die Petersilie waschen, mit Küchenpapier trocken tupfen, die Blätter von den Stängeln zupfen und ebenfalls fein hacken. Den Käse mit einem scharfen Messer in Blättchen schneiden. (Parmesan-Flakes gibt es auch fertig zu kaufen.)

5. Spargel aus dem Wasser heben und abtropfen lassen. Etwas Kochwasser zurückbehalten. Die Köpfchen abschneiden und beiseitelegen. Die Spargelstangen in Stücke schneiden.
6. Das Öl in einem kleinen Topf erhitzen und Zwiebel und Petersilie darin andünsten. Topf vom Herd nehmen, die Spargelstücke dazugeben und das Ganze mit dem Pürierstab zu einem lockeren Püree verarbeiten. Eventuell mit etwas Kochwasser verdünnen.
7. Den Schmand in das Püree rühren und leicht erwärmen, nicht kochen. Mit Salz, Pfeffer und – nach Belieben – noch etwas Zitronensaft abschmecken. Die Lachsfilets aus dem Backofen nehmen und auspacken.
8. Das Püree auf einem Teller verstreichen, die Spargelköpfchen, Lachsfilets und Parmesan-Flakes darauflegen und alles mit schwarzem Pfeffer bestreuen.

Lachs mit Naturreis und Gemüse

Für 2 Portionen • Pro Portion: 447 kcal, 34g E, 24g F, 22g KH

45g Naturreis (ca. 100g vorgekocht)
400ml Wasser
Salz
2 Lachsfilets mit Haut (á ca. 150 g)
1 EL Zitronensaft
Pfeffer
150g grüne Bohnen
75g frischer Spinat
1 EL Lein- oder Rapsöl

1. Den Reis in ein Sieb geben und heiß abbrausen. Mit 100ml Wasser und 1 Prise Salz in einen Topf geben, aufkochen lassen und anschließend bei milder Hitze zugedeckt 25 Minuten quellen lassen, bis an der Oberfläche kleine Vertiefungen zu sehen sind. Mit einer Gabel auflockern und offen ausdampfen lassen. (Vorgekochter Reis wird später ohne weitere Zubereitung verwendet.)
2. Den Backofen auf 180 °C Ober-/Unterhitze (Umluft 160 °C) vorheizen.
3. Die Lachsfilets mit Küchenpapier trocken tupfen, mit Zitronensaft beträufeln und etwas ziehen lassen. Anschließend salzen und pfeffern und mit der Hautseite nach unten in eine feuerfeste Form legen. Im Backofen auf der mittleren Schiene 20–25 Minuten braten, bis der Lachs Farbe angenommen hat.
4. Die Bohnen waschen, putzen und nach Belieben halbieren oder in etwa 3 cm lange Stücke schneiden. Den Spinat waschen, verlesen und in einem Sieb abtropfen lassen.
5. 300ml Salzwasser in einem Topf mit Dampfgareinsatz erhitzen, Bohnen in den Einsatz geben und in ca. 15 Minuten weich dämpfen. Herausnehmen und beiseitestellen. Den Topf ausleeren.

6. Das Öl in den Topf geben und mild erhitzen. Den Spinat dazugeben und zugedeckt garen, bis er zusammengefallen ist. Die Bohnen und den fertigen Reis einrühren und 2–3 Minuten erhitzen.
7. Reis und Gemüse anrichten und den Lachs obenauf geben. Wenn Sie nur eine Portion gleich essen, können Sie für die zweite Portion den Lachs in Streifen schneiden, unter die Gemüse-Reis-Mischung heben und im Kühlschrank aufbewahren. Am nächsten Tag in einer feuerfesten Form abgedeckt im Backofen erhitzen.

Tipp: Wenn Sie keinen gekochten Reis vorrätig haben, aber Quinoa, Hirse oder ein anderes Pseudogetreide, können Sie auch dieses verwenden. Oder Sie nehmen einfach mehr Gemüse. Alles schmeckt sehr gut mit dem Lachs.

Geflügel und Fleisch

Hühnerschnitzel auf Spinatsalat

Für 1 Portion • Pro Portion: 645 kcal, 47 g E, 44 g F, 14 g KH

50 g Baby-Spinat
½ Bio-Orange
Salz, Pfeffer
2 EL helles Leinöl
1 Hühnerbrust ohne Haut (ca. 200 g)
30 g Ziegenrolle
10 g getrocknete Cranberrys

1. Den Spinat waschen, verlesen und gut trocken schleudern. Die Orange heiß waschen, abtrocknen, 1 EL Schale abreiben und beiseitestellen. Die Frucht auspressen.
2. Aus 25 ml Orangensaft, Salz, Pfeffer und 1 EL Leinöl mit dem Schneebesen in einer Schüssel ein Dressing rühren. Mit dem Spinat vermischen und ziehen lassen.
3. Die Hühnerbrust in drei Schnitzel schneiden, salzen und pfeffern. Das restliche Öl mild erhitzen und die Schnitzel darin von beiden Seiten goldgelb anbraten.
4. In der Zwischenzeit die Ziegenrolle in Würfel schneiden. Den Salat auf einem Teller anrichten und mit Ziegenkäse und Cranberrys bestreuen.
5. Hühnerschnitzel mit dem restlichen Orangensaft ablöschen. Die Flüssigkeit fast verdampfen lassen. Schnitzel auf dem Salat anrichten, mit Orangenabrieb bestreuen.

Hühnerkeulen mit Pilzen und Tomaten

Für 2 Portionen • Pro Portion: 528 kcal, 42g E, 38g F, 5g KH

1 kleine Zwiebel oder 2 Schalotten
2 Knoblauchzehen
200g Champignons
200g Cherrytomaten
2 EL Olivenöl
4 Hühner-Unterkeulen (ca. 400 g)
Salz, Pfeffer
2 Zweige Rosmarin

1. Backofen auf 200 °C Ober-/Unterhitze (Umluft 180 °C) vorheizen.
2. Zwiebel abziehen und in Ringe schneiden. Knoblauch schälen und fein hacken oder durch eine Knoblauchpresse in eine kleine Schüssel drücken.
3. Champignons mit Küchenpapier abreiben und putzen. Größere Pilze halbieren oder vierteln. Tomaten waschen, abtropfen lassen und halbieren.
4. Zwiebel, Champignons und Tomaten in einer ofenfesten Form verteilen und mit 1 EL Olivenöl beträufeln.
5. Die Hühnerkeulen waschen, mit Küchenpapier trocken tupfen und auf das Gemüse legen. Knoblauch mit dem restlichen Olivenöl, Salz und Pfeffer vermischen und die Keulen damit bestreichen.
6. Rosmarinzweige waschen, trocken schütteln und zwischen die Keulen stecken.
7. Keulen im vorgeheizten Backofen 45–50 Minuten goldgelb garen.

Tipp: Die Drumsticks, wie Hühner-Unterkeulen in den USA genannt werden, können Sie mit beliebigen anderen Gemüsesorten je nach Saison zubereiten. Achten Sie darauf, dass es immer ca. 400g Gemüse sind, das ist wichtig für Ihre Vitalstoff-Versorgung. Sie können auch größere Mengen auf einem mit Backpapier ausgelegten Backblech zubereiten, denn die Keulen schmecken auch Gästen und lassen sich gut aufwärmen.

Hühnerbrust im Gemüsepäckchen

Für 1 Portion • Pro Portion: 511 kcal, 54 g E, 28 g F, 9 g KH

200 g Hühnerbrust
25 g getrocknete Tomaten
½ Bio-Zitrone
1 EL helles Leinöl
Salz, Pfeffer
200 g grünes Gemüse, z. B. Brokkoli oder Bohnen
ca. 300 ml Wasser

1. Den Backofen auf 180 °C Ober-/Unterhitze (Umluft weniger geeignet) vorheizen. Alufolie oder Backpapier zu einem Rechteck von 30 x 40 cm Größe zurechtschneiden.
2. Die Hühnerbrust mit Küchenpapier trocken tupfen und mit einem scharfen Messer quer eine Tasche hineinschneiden. Die Tomaten in Streifen schneiden und die Hühnerbrust damit füllen. Auf die Folie oder das Backpapier legen.
3. Zitrone waschen und von der halben Zitrone 2 dünne Scheiben abschneiden, den Rest auspressen. Zitronensaft, Leinöl, Salz und Pfeffer in einer Schüssel verrühren, die Hühnerbrust damit begießen und die Zitronenscheiben darauf legen.
4. Folie oder Papier zu einem lockeren Päckchen falten, dieses auf ein Backblech legen und Hühnerbrust im vorgeheizten Backofen 20 Minuten garen.
5. In der Zwischenzeit das Gemüse waschen, putzen und in mundgerechte Stücke schneiden. Salzwasser in einen Topf mit Dampfgareinsatz füllen, Gemüse in den Einsatz legen, Salzwasser zum Kochen bringen und Gemüse je nach Sorte in 10–15 Minuten bissfest dämpfen.
6. Das Päckchen aus dem Ofen holen, öffnen und das Gemüse rund um die Hähnchenbrust verteilen. Blech wieder in den Ofen schieben und Gemüse und Fleisch weitere 5 Minuten offen garen.

Tipp: Dieses einfache Gericht lässt sich gut für mehrere Esser zubereiten. Als Füllung können Sie auch Oliven, Schafskäse, Kapern oder eine Mischung aus allem verwenden. Wenn die Füllung üppiger ausfällt: die Tasche mit Zahnstochern verschließen.

Hühnerschnitzel mit Süsskartoffel und Grünkohl

Für 2 Portionen • Pro Portion: 498 kcal, 29 g E, 25 g F, 39 g KH

200 g Hühnerschnitzel
1–2 Knoblauchzehen
Salz, Pfeffer
300 g Süßkartoffeln
150 g Grünkohl
3 EL Olivenöl
100 ml Wasser oder Gemüsebrühe
1–2 EL weißer Balsamessig

1. Hühnerschnitzel in etwa 1 cm breite Streifen schneiden. Die Knoblauchzehen schälen und durch eine Knoblauchpresse drücken. Hühnerstreifen mit Knoblauch, Salz und Pfeffer vermischen.
2. Süßkartoffeln schälen, waschen und in mundgerechte Würfel schneiden. Grünkohl waschen, gut abtropfen lassen und mit einem Nudelholz »durchwalken«. Dadurch wird er weicher und lässt sich besser verarbeiten. Grünkohl in mundgerechten Stücken von den harten Stielen reißen.
3. 1 EL Olivenöl in einer beschichteten Pfanne erhitzen und die Hühnerstreifen darin unter mehrmaligem Wenden knusprig braten. Herausnehmen und in Alufolie gewickelt warm halten.
4. Das restliche Olivenöl in die Pfanne geben und Süßkartoffeln und Grünkohl unter Rühren 2 Minuten anbraten. Mit Wasser oder Gemüsebrühe ablöschen und Gemüse zugedeckt in 10 Minuten bei mittlerer Hitze weich dünsten.
5. Gemüse mit Balsamessig, Salz und Pfeffer abschmecken und mit den Hähnchenstreifen vermischen. Wenn Sie nur eine Portion gleich essen, können Sie die zweite im Kühlschrank aufbewahren und am nächsten Tag mit etwas Essig kalt als Salat essen, oder in einer mit Öl bepinselten beschichteten Pfanne unter Rühren erhitzen.

Info: Süßkartoffeln sind in den USA ganz eng mit Thanksgiving verbunden – sie sind ein Muss zum traditionellen Truthahn. Abgesehen davon aber stärkt das enthaltene Betacarotin Ihr Immunsystem, und die Ballaststoffe regulieren den Blutzuckerspiegel. Die reichlich enthaltene Folsäure ist für Frauen mit Kinderwunsch wichtig.

Putencurry mit Apfel und Kokosmilch

Für 2 Portionen • Pro Portion: 510 kcal, 38 g E, 34 g F, 12 g KH

1 Schalotte
1 säuerlicher Apfel
1 Stück frischer Ingwer (etwa walnussgroß)
300 g Putenfleisch
Salz, Pfeffer
2 EL Rapsöl
1 EL Madras-Currypulver
½ TL gemahlene Kurkuma
200 ml cremige Kokosmilch
100 ml Wasser
2 Stängel glatte Petersilie oder Koriander

1. Die Schalotte abziehen und fein würfeln. Den Apfel vierteln, schälen, das Kerngehäuse entfernen und das Fruchtfleisch würfeln. Den Ingwer schälen und klein würfeln oder reiben. Das Putenfleisch in mundgerechte Stücke schneiden und salzen und pfeffern.
2. Öl in einer beschichteten Pfanne erhitzen und das Fleisch darin rundherum goldgelb anbraten. Herausnehmen und beiseitestellen.
3. Schalotte, Apfel und Ingwer in die Pfanne geben und unter Rühren 1 Minute andünsten. Mit Currypulver und Kurkuma bestreuen und Kokosmilch und Wasser angießen. Auf kleiner Flamme zugedeckt 15 Minuten köcheln lassen und anschließend mit Salz und Pfeffer abschmecken. Das Putenfleisch wieder dazugeben und 5 Minuten bei milder Hitze durchziehen lassen.
4. In der Zwischenzeit die Petersilie waschen, mit Küchenpapier trocken tupfen, die Blätter von den Stängeln zupfen und das Gericht damit bestreuen.

Tipp 1: Wie alle Currygerichte schmeckt auch dieses aufgewärmt immer besser. Sie können es portionsweise einfrieren oder 2-3 Tage im Kühlschrank aufbewahren.

Tipp 2: Für mehr Selen können Sie das Gericht mit gehackten Paranusskernen bestreuen. Für mehr Magnesium wäre eine in Scheiben geschnittene Banane gut, die Sie zusammen mit dem Putenfleisch am Schluss durchziehen lassen.

Kichererbsen mit Hühnchen und Möhren

Für 4 Portionen • Pro Portion: 279 kcal, 22 g E, 14 g F, 17 g KH

1 große Zwiebel
2 Knoblauchzehen
300 g Möhren
300 g Hühnerbrust
1 EL Rapsöl
1 EL Paprikapulver, rosenscharf oder edelsüß
800 ml Gemüse- oder Hühnerbrühe
4 Stängel krause Petersilie
1 Dose Kichererbsen (265 g Einwaage)
Salz, Pfeffer

1. Die Zwiebel abziehen und klein würfeln. Die Knoblauchzehen schälen und in feine Scheiben schneiden. Die Möhren schälen, putzen und in etwa 5 mm dicke Scheiben schneiden.
2. Die Hühnerbrust waschen, mit Küchenpapier trocken tupfen und in mundgerechte Würfel schneiden.
3. Das Öl in einem geräumigen Topf erhitzen und Zwiebel und Knoblauch darin andünsten. Paprikapulver dazugeben und kurz mitdünsten.
4. Die Möhren, Hühnerbrust und die Brühe dazugeben, aufkochen lassen und dann alles bei milder Hitze 35 Minuten köcheln lassen.
5. In der Zwischenzeit die Petersilie waschen, trocken schütteln und die Blätter von den Stängeln zupfen. Die Kichererbsen in ein Sieb abgießen und kalt abbrausen.
6. Kichererbsen in den Topf geben und alles zusammen weitere 5 Minuten sanft köcheln lassen.
7. Den Eintopf mit Salz und Pfeffer abschmecken und mit Petersilie bestreuen.

Tipp: Bei Eintöpfen koche ich immer gleich mehrere Portionen, auch wenn ich vielleicht gerade nur eine brauche. Sie lassen sich nämlich prima einfrieren oder ein paar Tage im Kühlschrank aufbewahren und schmecken aufgewärmt noch mal so gut.

Hühnchen mit Fenchel aus dem Ofen

Für 2 Portionen • Pro Portion: 526 kcal, 43 g E, 35 g F, 10 g KH

400 g Hühnerteile mit Haut
2 EL Olivenöl
1 EL Fenchelsaat
½ TL Paprikapulver, rosenscharf oder edelsüß
Salz, Pfeffer
400 g Fenchel
1 Orange

1. Den Backofen auf 200 °C Ober-/Unterhitze (Umluft 180 °C) vorheizen.
2. Das Fleisch waschen, mit Küchenpapier trocken tupfen und in eine ofenfeste Form legen. 1 EL Olivenöl, Fenchelsaat, Paprikapulver, Salz und Pfeffer in einer kleinen Schüssel verrühren und die Hühnerteile damit bestreichen.
3. Fenchel waschen, halbieren, den harten Strunk keilförmig herausschneiden und das Fenchelgrün beiseitelegen. Den Fenchel in Spalten schneiden und zwischen die Hühnerteile legen. Mit dem restlichen Olivenöl beträufeln.
4. Die Orange auspressen und 100 ml Saft in die Form gießen. Hühnchen im vorgeheizten Backofen 40–45 Minuten goldbraun backen. Eventuell gegen Ende der Backzeit mit Alufolie abdecken.
5. Das Fenchelgrün fein hacken und das fertig gebackene Gericht damit bestreuen.

Tipp: Auch dieses Gericht können Sie bei Bedarf für noch mehr Portionen zubereiten. Man kann es gut einfrieren, im Kühlschrank 2-3 Tage aufbewahren oder auch kalt zum Mitnehmen einpacken.

Rinderragout mit Paprika

Für 2 Portionen • Pro Portion: 399 kcal, 35 g E, 24 g F, 10 g KH

2 Schalotten
1 kleine Stange Lauch
300 g Bio-Rindfleisch, z. B. falsches Filet oder Braten
2 EL Olivenöl
1 EL Tomatenmark
350 ml Wasser oder Rinderbrühe
1 rote Paprikaschote
100 g braune Champignons
1–2 Stängel glatte Petersilie oder Basilikum
Salz, Pfeffer

1. Die Schalotten abziehen und in feine Ringe schneiden. Den Lauch putzen, längs aufschlitzen, am oberen Ende auffächern, gründlich waschen und in feine Streifen schneiden.
2. Das Rindfleisch in etwa 1 cm breite Streifen schneiden.
3. Das Öl in einer beschichteten Pfanne erhitzen, Schalotten und Lauch hineingeben und unter Rühren andünsten.
4. Tomatenmark und Rindfleisch-Streifen dazugeben und alles zusammen 4–5 Minuten unter Rühren braten.
5. Wasser oder Brühe angießen und Ragout bei mittlerer Hitze zugedeckt 20 Minuten schmoren lassen.
6. In der Zwischenzeit die Paprikaschote waschen, putzen und in Streifen schneiden. Die Champignons mit Küchenpapier säubern, putzen und halbieren oder vierteln. Beides zum Fleisch geben und Ragout weitere 15 Minuten offen schmoren lassen, dabei öfters umrühren.
7. Petersilie oder Basilikum waschen, trocken schütteln und hacken.
8. Ragout mit Salz und Pfeffer abschmecken und mit den Kräutern bestreuen.

Tipp: Ich empfehle immer, gerade von Ragouts und Gulasch gleich mehrere Portionen zu kochen, denn man kann sie gut einfrieren oder 2-3 Tage im Kühlschrank aufbewahren. Sie schmecken aufgewärmt noch mal so gut!

Rindergulasch mit Pilzen

Für 4 Portionen • Pro Portion: 437 kcal, 48 g E, 21 g F, 13 g KH

300 g Zwiebeln
300 g kleine Schalotten
250 g braune oder weiße Champignons
2 EL Olivenöl
50 g Speck- oder Schinkenwürfel
1 EL Tomatenmark
800 g Rindergulasch
400 ml Gemüsebrühe oder Rinderfond
2 Lorbeerblätter
Salz
1 gestr. EL getrockneter Majoran
1 TL Kümmel
2 EL Speisestärke
30 ml kaltes Wasser
Pfeffer
einige Blätter Basilikum oder Petersilie

1. Die Zwiebeln abziehen und in feine Scheiben schneiden. Die Schalotten abziehen und größere Exemplare halbieren. Die Champignons mit Küchenpapier säubern, putzen und halbieren oder vierteln.
2. Öl in einem geräumigen Topf erhitzen und Zwiebel und Speckwürfel darin goldgelb anbraten. Das Tomatenmark einrühren und kurz mitbraten.
3. Rindfleisch, Gemüsebrühe oder Rinderfond, Lorbeerblätter, 1 TL Salz, Majoran und Kümmel dazugeben und alles bei mittlerer Hitze 40 Minuten zugedeckt schmoren lassen. Zwischendurch kontrollieren, ob noch genügend Flüssigkeit im Topf ist, und gegebenenfalls 50–100 ml Brühe oder Wasser zufügen.

4. Die Schalotten und die Champignons dazugeben und Gulasch weitere 20 Minuten (nach Belieben auch länger) zugedeckt garen.
5. Speisestärke in einer kleinen Schüssel mit dem Wasser glatt rühren, zum Gulasch geben, untermischen und alles einmal aufkochen lassen.
6. Gulasch mit Salz und Pfeffer abschmecken und nach Belieben mit Petersilie oder Basilikum garnieren.

Tipp: Das Gulasch schmeckt sicher auch Gästen. Und selbst wenn Sie für sich allein kochen, können Sie gleich vier Portionen zubereiten, da Gulasch – wie alle Schmorgerichte – aufgewärmt immer besser schmeckt. Sie können es 2–3 Tage im Kühlschrank aufbewahren und auch portionsweise einfrieren.

Kuchen und Gebäck

Kokosmakronen

Für ca. 16 Stück • Pro Stück: 57 kcal, 2 g E, 5 g F, 2 g KH

2 Eiweiße, Größe M
1 Prise Salz
½ Vanilleschote
30 g Bio-Honig
40 g gemahlene Mandeln
80 g Kokosraspel
15 g schwach entöltes Kakaopulver
16 kleine Oblaten, nach Belieben

1. Den Backofen auf 180 °C Ober-/Unterhitze (Umluft 160 °C) vorheizen.
2. Die Eiweiße mit dem Salz in einer Schüssel mithilfe eines Handrührgeräts sehr steif schlagen. Die Vanilleschote längs aufschlitzen und das Mark herausschaben. Vanillemark und Honig mit dem Eischnee verrühren.
3. Mandeln, Kokosraspel und Kakaopulver unter die Eiweißmischung heben.
4. Ein Backblech mit Backpapier auslegen und mit einem kleinen Löffel 16 Häufchen daraufsetzen. Nach Belieben die Masse auf Oblaten geben. Makronen im Backofen 10 Minuten backen und anschließend vollständig auskühlen lassen.

Info: Ballaststoffe und eine geballte Ladung an Mineralstoffen wie Kalium, Kalzium, Kupfer und Eisen machen die Produkte der exotischen Nuss zu einem Top-Nahrungsmittel bei Insulinresistenz. Kaufen Sie Kokosprodukte nach Möglichkeit aus Bio-Anbau und mit Fair-Trade-Siegel!

Bananenkuchen mit Cranberrys

Für ca. 20 Scheiben • Pro Scheibe: 118 kcal, 4 g E, 6 g F, 12 g KH

1 Bio-Zitrone oder -Limette
2 Bananen (ca. 250 g, vorbereitet gewogen)
50 g Kokosöl
4 Eier, Größe M
100 g Quark (20 % Fett)
200 g Buchweizenmehl
1 Päckchen Backpulver
3 EL schwach entöltes Kakaopulver
50 g getrocknete Cranberrys
50 g gehackte Walnüsse
etwas Fett für die Form

1. Den Backofen auf 180 °C Ober-/Unterhitze (160 °C Umluft) vorheizen.
2. Die Zitrone heiß waschen, die Schale dünn abreiben und die Frucht auspressen. Die Bananen schälen und in einer Schüssel mit einer Gabel grob zerdrücken. Mit dem Zitronensaft vermischen.
3. Das Kokosöl in einer kleinen Pfanne schmelzen. In eine geräumige Schüssel geben und mithilfe eines Handrührgeräts gut mit den Eiern, Zitronenabrieb, Quark, Buchweizenmehl, Backpulver und Kakaopulver vermischen. Anschließend die Bananen, Cranberrys und Nüsse unterheben.
4. Eine Kastenform (ca. 25 cm Länge) leicht einfetten, den Teig darin verstreichen und 45 Minuten im vorgeheizten Ofen auf der mittleren Schiene backen. Kuchen vollständig auskühlen lassen, dann aus der Form stürzen.

Tipp: Statt der Cranberrys können Sie auch dunkle Schokoladen-Nibs oder Rosinen in den Teig geben.

Quinoa-Brownies

Für ca. 18 Stück • Pro Stück: 118 kcal, 3 g E, 6 g F, 13 g KH

120 g rohe Quinoa (ca. 360 g vorgekocht)
280 ml Wasser
60 g Kokosöl
200 g Honig
80 g schwach entöltes Kakaopulver
120 ml ungesüßter Mandeldrink
4 Eier, Größe M
1 EL Backpulver
1 Prise Salz

1. Die Quinoa in ein Sieb geben und mit heißem Wasser abspülen. Dann mit dem Wasser in einen Topf füllen, aufkochen lassen und anschließend bei milder Hitze 15 Minuten quellen lassen, bis alle Flüssigkeit aufgesogen ist. (Die vorgekochte Quinoa wird später ohne weitere Zubereitung verwendet.)
2. Den Backofen auf 180 °C Ober-/Unterhitze (Umluft 160 °C) vorheizen.
3. Das Kokosöl in einem Topf schmelzen und mit der gekochten Quinoa in einer geräumigen Schüssel vermischen.
4. In einer zweiten Schüssel Honig, Kakaopulver, Mandeldrink, Eier, Backpulver und Salz mit dem Handrührgerät zu einer homogenen Masse verrühren.
5. Die Honigmasse zur Quinoa geben und alles mit dem Handrührgerät vermischen.
6. Ein kleines Backblech (30 x 20 cm) mit Backpapier auslegen (oder mit Backpapier einen entsprechenden Teil eines großen Blechs abteilen. Dabei mit dem Backpapier einen stabilen Rand formen – der Teig ist flüssig.)
7. Den Teig auf dem Backpapier verteilen und 40 Minuten auf der mittleren Schiene im Ofen backen. Vollständig auskühlen lassen und in kleine Rechtecke schneiden.

Tipp: Sie können die Hälfte der Quinoa auch durch gemahlene Nüsse oder Mandeln ersetzen. In einer gut verschließbaren Dose halten die Brownies 4–5 Tage. Sie eignen sich auch zum Einfrieren.

Haferflocken-Cookies

Für ca. 25 Stück • Pro Stück: 88 kcal, 3 g E, 6 g F, 7 g KH

50 g Bitterschokolade (mindestens 70 % Kakaoanteil)
50 g Paranüsse
75 g Kokosöl
100 g zarte Haferflocken
80 g Mandelmehl
2 Eier, Größe M
75 g Birkenzucker
½ TL gemahlener Zimt
1 Prise Salz

1. Schokolade und Paranüsse in kleine Stücke hacken und beiseitestellen.
2. Kokosöl in einem Topf schmelzen. Mit Haferflocken und Mandelmehl in eine Schüssel geben und verrühren. Dann Eier, Birkenzucker, Zimt und Salz dazugeben und mit dem Handrührgerät zu einem glatten Teig rühren.
3. Die Schokoladen- und Nussstücke unterheben und den Teig etwa 20 Minuten im Kühlschrank ruhen lassen.
4. Den Backofen auf 170 °C Ober-/Unterhitze (Umluft 150 °C) vorheizen. Ein Backblech mit Backpapier auslegen.
5. Den Teig zu einer Rolle formen und 25 gleichmäßige Scheiben davon abschneiden. Diese zu Kugeln formen, auf das Blech legen und flach drücken.
6. Cookies im vorgeheizten Ofen etwa 12 Minuten goldbraun backen.

Tipp: Wenn Sie die Cookies aufbewahren wollen, geben Sie eine halbe Orangenscheibe oder einen Schnitz Apfel in die Dose. Die Cookies nehmen das Aroma an und werden nicht so schnell hart.

Kürbiskuchen

Für ca. 20 Scheiben • Pro Scheibe: 132 kcal, 4 g E, 7 g F, 14 g KH

500 g Hokkaido-Kürbis (vorbereitet gewogen)
50 g Walnuss- oder Pekannusskerne
3 Eier, Größe M
50 g Rohrzucker oder Honig
100 g weiche Butter + etwas für die Form
100 ml ungesüßter Mandeldrink
300 g Dinkelmehl (Typ 1050)
½ Päckchen Backpulver
1 TL gemahlener Zimt
2 TL gemahlene Kurkuma
½ TL Salz

1. Kürbis mit einem feuchten Tuch abreiben, entkernen und das Fruchtfleisch mit Schale grob raspeln. Die Nüsse hacken.
2. Backofen auf 175° C Ober-/Unterhitze (Umluft 155° C) vorheizen.
3. Eier, Zucker und Butter in einer Schüssel mit dem Handrührgerät schaumig schlagen. Mandeldrink dazugeben und gut einrühren. Die Kürbisraspel unterheben.
4. In einer zweiten Schüssel Mehl, Backpulver, Zimt, Kurkuma und Salz verrühren. Mehlmischung zu der Eiermasse geben und vorsichtig unterheben – so bleibt der Teig schön luftig. Zum Schluss die Nüsse unterheben.
5. Eine Kastenform (ca. 25 cm Länge) dünn einfetten und den Teig darin verstreichen. Kuchen 50–60 Minuten im vorgeheizten Ofen backen. Garprobe mit einem Holzstäbchen machen und, wenn noch Teig daran kleben bleibt, die Backzeit etwas verlängern. Den fertigen Kuchen vollständig auskühlen lassen und dann aus der Form stürzen.

Tipp: Wegen der Eier sollte der Kuchen im Kühlschrank aufbewahrt werden. Die Eier sind – wie bei allen Backwaren, die wenig Kohlenhydrate enthalten und glutenfrei sein sollen – notwendig, damit der Teig zusammenhält.

Zucchinibrot

Für 12 Scheiben • Pro Scheibe: 134 kcal, 7 g E, 11 g F, 1 g KH

250 g Zucchini
Salz
100 g mittelalter Gouda oder Bergkäse
4 Stängel glatte Petersilie
3 Eier, Größe M
150 g gemahlene Mandeln
1 ½ TL Backpulver
etwas Fett für die Form

1. Die Zucchini waschen, putzen und raspeln. In eine Schüssel geben, kräftig salzen und 10 Minuten stehen lassen.
2. Den Backofen auf 180 °C Ober-/Unterhitze (Umluft 160 °C) vorheizen.
3. Den Käse fein reiben. Die Petersilie waschen, mit Küchenpapier trocken tupfen, die Blättchen von den Stängeln zupfen und fein hacken.
4. Eier, gemahlene Mandeln und Backpulver in einer Schüssel mit dem Handrührgerät zu einem glatten Teig rühren. Die Zucchini gut ausdrücken und zusammen mit Käse und Petersilie unterheben.
5. Eine Kastenform (ca. 24 cm Länge) einfetten, den Teig darin verstreichen und Brot 35–40 Minuten im vorgeheizten Ofen goldgelb backen. Nach 30 Minuten mit einem Holzstäbchen die Garprobe machen: Wenn kein Teig mehr daran kleben bleibt, ist das Brot fertig.
6. Brot in der Form lauwarm oder ganz auskühlen lassen und dann auf ein Kuchengitter stürzen.

Tipp: Das Zucchinibrot schmeckt am besten ganz frisch – lauwarm zum Beispiel zu einem Salat oder komplett ausgekühlt und nach Belieben belegt, etwa mit geräucherter Hühnerbrust. Sie können es auch gut zum Lunch mitnehmen. Wegen der enthaltenen Eier sollten Sie es im Kühlschrank aufbewahren.

Buchweizen-Apfel-Muffins

Für 12 Stück • Pro Stück: 224 kcal, 5 g E, 14 g F, 22 g KH

4 Eier, Größe M
100 g Birkenzucker
300 g Äpfel
2 EL Zitronensaft
etwas Fett für die Formen
100 g weiche Butter
½ TL gemahlene Vanille oder Mark ½ Vanilleschote
150 g Buchweizenmehl
100 g gemahlene Haselnüsse oder Mandeln
½ Päckchen Weinstein-Backpulver

1. Den Backofen auf 175° C Ober-/Unterhitze (Umluft 155° C) vorheizen.
2. Die Eier trennen, das Eiweiß mit 50 g Birkenzucker in einer Schüssel mithilfe eines Handrührgeräts sehr steif schlagen und beiseitestellen.
3. Die Äpfel schälen, entkernen, grob raspeln, in einer Schüssel mit Zitronensaft beträufeln und ebenfalls beiseitestellen.
4. Ein Muffinblech oder zwölf Förmchen dünn mit Butter oder Öl einfetten.
5. Eigelbe, Butter, restlichen Zucker und Vanille mit dem Handrührgerät in einer Schüssel cremig schlagen. Mehl, Haselnüsse oder Mandeln und Backpulver unterrühren.
6. Geraspelte Äpfel und Eischnee behutsam unterheben. Masse in die Formen verteilen und in ca. 20 Minuten im Ofen goldgelb backen.
7. Kurz vor Ende der Backzeit mit einem Zahnstocher in die Muffins stechen. Wenn kein Teig daran kleben bleibt, sind sie fertig und können aus dem Ofen geholt werden. In den Formen abkühlen lassen.

Tipp: Sie können die Muffins nach Belieben vor dem Backen mit Kürbiskernen, gehackten Nüssen oder Kokosraspeln bestreuen.

Reiskuchen

Für ca. 12 Stücke • Pro Stück: 110 kcal, 2 g E, 5 g F, 14 g KH

70 g Naturreis (ca. 150 g vorgekochter Reis)
150 ml Wasser
1 Prise Salz
1 Ei, Größe M
50 ml Rapsöl
50 g Rohrzucker
100 g Joghurt (3,5 % Fett)
½ TL gemahlener Zimt
1 EL schwach entöltes Kakaopulver
½ Päckchen Backpulver
60 g Dinkelmehl (Type 1050)
etwas Fett für die Form
1 EL Puder-Birkenzucker, nach Belieben

1. Den Reis in ein Sieb geben und mit heißem Wasser abbrausen. Mit dem Wasser und dem Salz in einen Topf geben, aufkochen lassen und anschließend bei milder Hitze zugedeckt 25 Minuten quellen lassen, bis an der Oberfläche kleine Vertiefungen zu sehen sind. Mit einer Gabel auflockern und offen ausdampfen lassen. (Vorgekochter Reis wird später ohne weitere Zubereitung verwendet.)
2. Den Backofen auf 180 °C Ober-/Unterhitze (160 °C Umluft) vorheizen.
3. Reis und die restlichen Zutaten für den Teig in einer Schüssel mit dem Handrührgerät vermischen.
4. Eine kleine runde oder eckige Form (ca. 18 cm) dünn einfetten und den Teig hineingeben. Dann Kuchen im Ofen 30–35 Minuten auf der unteren Schiene backen, bis er an den Rändern Farbe angenommen und sich vom Formrand gelöst hat.
5. Kuchen aus dem Ofen nehmen und vollständig auskühlen lassen. Dann aus der Form lösen und – nach Belieben – dünn mit Puderzucker bestäuben.

Süßes

Avocado-Schoko-Creme mit Minze

Für 2 Portionen • Pro Portion: 227 kcal, 5g E, 16g F, 16g KH

200g reife Avocado
1 kleine Banane
30g schwach entöltes Kakaopulver
1 Zweig frische Minze

1. Avocado längs halbieren, Kern entfernen und das Fruchtfleisch mit einem Löffel aus der Schale heben. Die Banane schälen und in Stücke schneiden.
2. Beides in eine Schüssel füllen, das Kakaopulver dazugeben und alles mit einem Pürierstab glatt pürieren.
3. Die Minze waschen, trocken schütteln und die Blätter vom Stängel zupfen.
4. Creme auf zwei Gläser verteilen, mit Minze garnieren und im Kühlschrank zugedeckt durchziehen lassen. Sie hält sich 1-2 Tage zugedeckt im Kühlschrank.

Amarant-Energyballs

Für ca. 15 Stück • Pro Stück: 63 kcal, 2g E, 4g F, 6g KH

100g Möhren
75g Rosinen, Cranberrys oder entsteinte Soft-Datteln
50g gemahlene Mandeln
50g gepuffter Amarant (Bioladen oder Seite 43)
1 EL Kokosöl
1 EL Sesampaste (Tahin)
1 Prise Salz
½ TL gemahlene Kurkuma
½ TL gemahlener Zimt

1. Die Möhren schälen, putzen und fein reiben. In einer Schüssel beiseitestellen und 10 Minuten ziehen lassen.
2. Rosinen, Cranberrys oder Datteln hacken und in eine Schüssel geben. Gemahlene Mandeln, Amarant, Kokosöl, Sesampaste, Gewürze und die ausgedrückten Möhren dazugeben und gut vermischen.
3. Eine Platte mit Backpapier auslegen. Aus der Amarant-Möhren-Masse mit feuchten Händen Kugeln formen und diese auf das Backpapier legen. Mindestens 1 Stunde trocknen lassen.

Tipp: Die Bällchen am besten gleich essen oder höchstens einen Tag im Kühlschrank aufbewahren. Sie sind wegen der frischen Möhren nicht sehr lange haltbar. Sie können aber statt der Möhren auch gehackte Mandeln oder Nüsse verwenden. Dann aber etwas mehr »Kleber« wie Tahin oder Kokosöl dazugeben.

Mangopudding mit Chia-Samen

Für 4 Portionen • Pro Portion: 102 kcal, 11 g KH, 3 g E, 5 g F

4 EL Chia-Samen
½ TL gemahlene Kurkuma
500 ml ungesüßter Mandeldrink
1 reife Mango (ca. 250 g)
1 Orange
1 Stängel frische Minze

1. Chia-Samen mit Kurkuma und Mandeldrink in einer Schüssel verrühren und im Kühlschrank quellen lassen. Am besten rühren Sie das Ganze schon morgens an, wenn Sie den Pudding abends essen wollen. Je länger die Samen quellen können, desto cremiger wird der Pudding.
2. Vor dem Servieren das Obst zubereiten. Die Mango schälen und das Fruchtfleisch vom Kern schneiden. Etwa 100 g davon würfeln und beiseitestellen. Die Orange auspressen.
3. Mangofruchtfleisch und Orangensaft in einen kleinen Topf geben und etwa 20 Minuten cremig einkochen lassen.
4. Die Minze waschen, trocken schütteln und die Blätter vom Stängel zupfen.
5. Heiße Mangocreme mit dem kalten Chia-Pudding verrühren, auf vier Schalen verteilen und mit den restlichen Mangowürfeln und den Minzeblättern garniert servieren.

Tipp: Der Pudding hält sich zugedeckt im Kühlschrank mehrere Tage. Deshalb habe ich das Rezept gleich für 4 Portionen berechnet. Sie können ihn auch in Schraubgläser füllen und zum Lunch mitnehmen.

Cottage-Cheese mit Himbeeren

Für 6 Portionen • Pro Portion: 228 kcal, 19 g E, 13 g F, 8 g KH

50 g geschrotete Leinsamen
250 g Cottage-Cheese
500 g Quark (20 % Fett)
4 Eier, Größe M
1 Prise Salz
1 EL Rapsöl + etwas für die Form
200 g Himbeeren

1. Den Backofen auf 160 °C Ober-/Unterhitze (Umluft 140 °C) vorheizen.
2. Geschrotete Leinsamen, Cottage-Cheese, Quark, Eier und Salz in eine Schüssel geben und mit dem Handrührgerät zu einer homogenen Masse vermischen.
3. Eine Quiche- oder Springform (ca. 25 cm Durchmesser) einfetten und die Quarkmasse einfüllen.
4. Himbeeren – wenn nötig – behutsam waschen, verlesen und gut abtropfen lassen. Auf der Quarkmasse verteilen und leicht andrücken.
5. Masse 30 Minuten im Ofen backen, bis sie gestockt ist. Etwas abkühlen lassen und lauwarm oder kalt genießen.

Tipp: Da sich die Quarkspeise gut im Kühlschrank aufbewahren lässt, aber sicher auch Gäste gerne davon naschen, habe ich das Rezept für sechs Portionen ausgelegt.

Himbeerjelly mit Quark

Für 4 Portionen • Pro Portion: 74 kcal, 4g E, 1g F, 9g KH

300g TK-Himbeeren
100g frische Himbeeren
125g Quark (20% Fett)
1–2TL Zitronensaft
1EL Honig, nach Belieben
1 Blatt weiße Bio-Gelatine

1. Die TK-Himbeeren in ein feines Sieb geben und über einer Schüssel auftauen lassen. Dann leicht ausdrücken, sodass etwa 100ml Saft entstehen.
2. Die frischen Himbeeren behutsam waschen, verlesen und gut abtropfen lassen.
3. Den Quark in einer Schüssel mit Zitronensaft und nach Belieben etwas Honig glatt rühren.
4. Die aufgetauten Himbeeren auf vier Dessertschalen verteilen. Den Quark obenauf geben.
5. Die Gelatine 5 Minuten in kaltem Wasser einweichen. Dann tropfnass in eine kleine Pfanne geben und bei milder Hitze auflösen. Langsam und unter Rühren unter den Himbeersaft mischen. Sofort über den Quark gießen, die frischen Himbeeren darauf verteilen und das Ganze 1–2 Stunden im Kühlschrank gelieren lassen.

Tipp: Da sich das Jelly im Kühlschrank mehrere Tage hält, ist das Rezept gleich für vier Portionen berechnet.

Sie können das Jelly auch mit Guarkern- oder Johannisbrotbaummehl machen. Dafür den Himbeersaft mit einem gestrichenem TL Mehl mit dem Schneebesen verrühren und den Quark damit bedecken. Dabei wird das Jelly allerdings undurchsichtig.

Rezeptregister

Abnehmen

Entzündungshemmend

Gegen Insulinresistenz

Kinderwunsch

Vegan

Vegetarisch

Bildnachweis

S. 7: Africa Studio/Shutterstock.com; S. 10: LovArt/Shutterstock.com; S. 11: m.pilot/Shutterstock.com; S. 15: goodmoments/Shutterstock.com; S. 16: Syda Productions/Shutterstock.com; S. 20: mama_mia/Shutterstock.com; S. 23: Aprilphoto/Shutterstock.com; S. 24: Tina Larsson/Shutterstock.com; S. 27: Alexander Ruiz Acevedo/Shutterstock.com; S. 28: iprachenko/Shutterstock.com; Bitte einfügen: S. 36: Kerdkanno/Shutterstock.com; S. 38: Goskova Tatiana/Shutterstock.com; S. 42: Elena Schweitzer/Shutterstock.com; S. 43: Ivaschenko Roman/Shutterstock.com; S. 43: Luis Echeverri Urrea/Shutterstock.com; S. 44: Gayvoronskaya_Yana/Shutterstock.com; S. 45: CharMoment/Shutterstock.com; S. 46: Moving Moment/Shutterstock.com; S. 47: Moving Moment/Shutterstock.com; S. 48: Diana Taliun/Shutterstock.com; S. 51: NoirChocolate/Shutterstock.com; S. 53: Brent Hofacker/Shutterstock.com; S. 54: Life morning/Shutterstock.com; S. 55: good moments/Shutterstock.com; S. 56: NoirChocolate/Istockphoto.com; S. 57: Electrography/Istockphoto.com; S. 59: saschanti 17/Shutterstock.com; S. 60: baibaz/Shutterstock.com; S. 61: Jarvna/Shutterstock.com; S. 62: ILEISH ANNA/Shutterstock.com; S. 63: Sea Wave/Shutterstock.com; S. 64: GalinaSH/Shutterstock.com; S. 65: Anna Mente/Shutterstock.com; S. 66: Anna Mente/Shutterstock.com; S. 67: Liliya Kandrashevich/Shutterstock.com; S. 68: ninikas/Istockphoto.com; S. 69: Timolina/Shutterstock.com; S. 71: Tatiana Volgutova/Shutterstock.com; S. 72: Lisovskaya Natalia/Shutterstock.com; S. 73: Olha Afanasieva/Shutterstock.com; S. 75: Brent Hofacker/Shutterstock.com; S. S. 77: rob3rt82/Shutterstock.com; S. 79: Bartosz Luczak/Shutterstock.com; S. 80: Elena Fabbrili/Shutterstock.com; S. 81: vanillaechoes/Shutterstock.com; S. 82: Anna Shepulova/Shutterstock.com; S. 85: Brent Hofacker/Shutterstock.com; S. 86: Alaina Sharpshair/Shutterstock.com; S. 89: haoliang/istockphoto.com; S. 90: VLADIMIR VK/Shutterstock.com; S. 91: Tolikoff Photography/Shutterstock.com; S. 93: NADKI/Shutterstock.com; S. 94: ziashusha/Shutterstock.com; S. 96: William Berry/Shutterstock.com; S. 97: ArtCookStudio/Shutterstock.com; S. 99: MarjanCermelj/Istockphoto.com; S. 100: Elena Veselova/Shutterstock.com; S. 101: vm2002/Shutterstock.com; S. 103: Stepanek Photography/Shutterstock.com; S. 104: Losangela/Shutterstock.com; S. 107: Anna_Pustynnikova/Shutterstock.com; S. 108: los_angela/Shutterstock.com; S. 111: Goskova Tatiana/Shutterstock.com; S. 113: Tatiana Vorona7Shutterstock.com; S. 114: vkuslandia/Shutterstock.com; S. 117: Szakaly/Istockphoto.com; S. 119: Yulia Davidovich/Shutterstock.com; S. 120: Antonina Vlasova/Shutterstock.com; S. 121: vm20027Shutterstock.com; S. 123: Iaroshenko Maryna/Shutterstock.com; S. 124: teleginata/Shutterstock.com; S. 127: Kilian Oksana/Shutterstock.com; S. 129: Amallia Eka/Shutterstock.com; S. 130: beats 1/Shutterstock.com; S. 132: Aleeksa/Shutterstock.com; S. 133: MSPhotographic/Shutterstock.com; S. 134: Ildi Papp/Shutterstock.com; S. 136: Liliya Kandrashevich/Shutterstock.com; S. 137: Peredniankina/Shutterstock.com; S. 139: Simone Andress/Shutterstock.com; S. 141: Kcuxen/Shutterstock.com; S. 142: Olha Afanasieva/Shutterstock.com; S. 143: Anticicio/Shutterstock.com; S. 145: sugar0607/Istockphoto.com; S. 147: Apple_Mac/Shutterstock.com; S. 149: Tatiana Volgutova/Shutterstock.com; S. 150: Iryna_Kolesova/Shutterstock.com; S. 152: Helena Zolotuhina/Shutterstock.com; S. 155: A-Lein; S. 157: MP2/stock.adobe.com; S. 158: Alena Haurylik/Shutterstock.com; S. 160: Gayvoronskaya_Yana/Shutterstock.com; S. 161: Nigar Alizada/Shutterstock.com; S. 162: Lapina Maria; S. 165: lauraag/Istockphoto.com; S. 167: studio f22 ricardo rocha/Shutterstock.com; S. 168: Elena Hramova/Shutterstock.com; S. 170: Lapina Maria/Shutterstock.com; S. 173: photohomepage/Istockphoto.com; S. 175: Chudovska/Shutterstock.com; S. 176: Elenadesign/Shutterstock.com; S. 177: AS Food studio/Shutterstock.com; S. 179: Africa Studio/Shutterstock.com; S. 180: Nataliya Arzmasova/Shutterstock.com; S. 183: AS Food studio/Shutterstock.com; S. 185: AS Food studio/Shutterstock.com; S. 186: AS Food studio/Shutterstock.com; S. 189: Bartosz Luczak/Shutterstock.com; S. 191: Barabara Dudzinska/Shutterstock.com; S. 192: ninikas/Shutterstock.com; S. 193: Cesarz/Shutterstock.com; S. 194: vm2002/Shutterstock.com; S. 195: Bogdan Wankowicz/Shutterstock.com; S. 196: Teri Virbickis/Shutterstock.com; S. 197: Elena_Danileiko/Shutterstock.com; S. 198: Iryna Melnyk/Shutterstock.com; S. 199: Neli Syrotynska/Shutterstock.com; S. 200: Brent Hofacker7Shutterstock.com; S. 201: Amallia Eka/Shutterstock.com; S. 202: vm2002/Shutterstock.com; S. 203: teleginatania/Shutterstock.com; S. 204: CGissemann/Shutterstock.com